JN004995

[シリーズ]メディアの未来⓭

media and message

# メディアとメッセージ

## 社会のなかのコミュニケーション

**小西卓三・松本健太郎** 編
KONISHI Takuzo & MATSUMOTO Kentaro

ナカニシヤ出版

# まえがき

## コミュニケーションの地殻変動

「土曜日の午前中，あなたが電車に乗っていると，ある駅で着飾った人が同じ車両に乗ってきました。さて，あなたはどう思いますか」──コミュニケーション論やメディア論の授業でこの問いを提示してみると，受講生からは「デートかな」とか，「結婚式に参加するのかな」とかいった答えがあがります。さらにそれをふまえて，「じゃあ，この人の性別は？　年齢は？」と質問すると，（筆者が教えているのが女子大ということもあってか）性別としては「女性」を想像し，年齢としては「20 代から 30 代」を想像する学生が大部分を占めることになります。これは考えようによっては，とても不思議な現象にもみえます。

上記の学生による例からも，「着飾る」という言葉は，二分法的にカテゴリー化される「女性」というジェンダー，そして比較的若い女性に強く結びつけられて，社会的に再生産される傾向があります。筆者が「男性や X ジェンダーが着飾ることだって，幼児や 40 代以降の人たちが着飾ることだってあるんじゃないかな」と話すと，少しばかり納得したような顔つきの学生もみうけられます。ともあれ，「着飾る」という言葉（あるいは「メッセージ」）は，さまざまな文化的イメージ，あるいはステレオタイプをともなっているのです。

他方，授業の様子をこのように紙上で再現しうるのは，文字という古くからある記録メディアのおかげだともいえます。もし私たちの世界に文字や絵，あるいは写真や DVD といった記録メディアがなかったならば，コミュニケーション（すなわち，メッセージがかかわる意味と関係性を構築する営為）において，より一層〈今・ここ〉が重要性を増すことになるでしょう。話し言葉による「言語メッセ

ージ」は，語られるそばから消えていくし，身体を乗り物とした，着飾るという「非言語メッセージ」はその場にいあわせないとわからないからです。このような事情からか，メッセージをめぐる意味や関係性を考察するコミュニケーション研究において，理想化されたモデルはしばしば〈今・ここ〉を前景化させてきた，ともいえます。

しかしながら本書が出版される 2021 年の社会には，多種多様な記録メディアが遍在しています。そしてこのような世界において，コミュニケーションにおける〈今・ここ〉は，記録メディアの時代以前のそれ——オングがいう「第一次声の文化」の世界——と同じではありえません。いまや多くのメッセージは「0 と 1」のデジタルデータとしてネットワーク上の記録媒体に書き込まれているし，そのメッセージは事後的に，別の場所で容易に参照することができます。

現に，読者の皆さんの眼前にあるこの「まえがき」は，いま皆さんがこれを読んでいる時空間において執筆されたものではありません。これらは本の出版前に，二人の編者によって別々の場所で，お互いに顔を合わせることなく部分的にコンピュータで執筆され，それがパッチワークされ，どこかで複製され，さらにどこかで別のソフトウェアでデジタル的に版組みされ，そのあとに読者の手元へと届けられ，いま読まれているのです。

この種のメッセージの産出・流通の過程が，はたして「今」と「ここ」を拡張したものなのか，それともそれらを瓦解させたものなのかを決めるには，時や場所をめぐる論争が必要となります。しかしながら，インターネット社会の黎明期を記憶する読者には，時や場所の感覚が以前とは違っていること，そしてネット社会が日常のコミュニケーションや知識生産のあり方を変容させていることが実感として理解できるはずです。また，この書籍の主な読者である大学

生も，コロナ禍によるオンライン授業の大規模な導入を考えてみる
と，現代デジタルメディアが授業というコミュニケーションのあり
方を大きく変容させていることを強く実感できるはずです。

　そのような，一昔前とは少し違う世界で起こる「コミュニケーシ
ョンの文法」を理解するには，マクルーハンのメディアに関するメ
タファーをコミュニケーションにあてはめ，バックミラーにうつる
すこし前の，〈今・ここ〉を強調するコミュニケーションのあり方
を後ろに見ることが必要となります。こうすることで，「いま・こ
こ」で私たちに開かれているメッセージの産出・流通・受容のあり
方を理解し，メディアやコミュニケーションに関する研究のアップ
デートに貢献していけるはずです。

　むろん「メディア」や「コミュニケーション」は，それをあつか
うメディア研究者やコミュニケーション研究者の専有物ではありま
せん。そのことを理解しているからこそ，編者である私たちは本書
において，メディア学やコミュニケーション学のみならず，レトリ
ック学（修辞学），社会学，中東地域研究，観光学，建築学，日本美術，
ゲーム研究など，多様な背景をもつ研究者に執筆を依頼し，それぞ
れが考える「メディア」と「メッセージ」，およびそれらの関係に
ついて原稿を書いてもらいました。このような事情があるからこそ，
重複しながら別の術語で語られる概念や事象があり，思いもよらな
いことがメディアやメッセージの問題として扱われていることに気
づかれるはずです。本書ではそのような多様性を含みつつ諸論考を
並置することにより，社会における種々のコミュニケーションの実
相を「メディア」や「メッセージ」を鍵語としながら照らしだそう
と試みているのです。

　本書の構成について手短に紹介しておきましょう。第Ｉ部では
「「メディア」と「テクノロジー」から考えるメッセージ産出」と
のタイトルのもとで，メディアとそれを形成するテクノロジーに

よって変容する「メッセージ」の現代的なあり方を考察しています。ここでは，スマートフォンアプリのメディアとしてのあり方，Instagram などにみられる視覚情報と行動の関係性，ソーシャル・メディアにおけるメッセージ流通の前景化，デジタル空間でのイスラーム的コミュニケーションの現実などが取り上げられます。

第Ⅱ部では「「共同性」と「パフォーマンス」から考えるメッセージ産出」とのタイトルのもとで，とくに現代社会における「共同性」および「パフォーマンス」に注目しながら，「メッセージ」のあり方とその変容が考察されます。ここでは，みることからすることに移行する「参加型」観光のあり方，観光におけるブランディングの実態，日本とは違った実践のもとに成り立っている中国のソーシャル・メディアが検討の俎上にあげられます。

第Ⅲ部では「「コミュニケーション」と「レトリック」から考えるメッセージ産出」とのタイトルのもとで，おもにレトリック学（修辞学）の視座に依拠しながら，社会でのメッセージの産出・流通・受容に目を向けます。ここでは，カルチュラルスタディーズやポスト構造主義の影響下で発展した批判的レトリック，囲碁と日本の近代に関わる言説分析，ディベートを通した教育と社会との結びつき，ソーシャル・メディアと伝統的メディアの両方を用いてイベント化されたメッセージの分析などが取り上げられます。

第Ⅳ部では「「モノ」と「現場」から考えるメッセージ産出」とのタイトルのもとで，「モノ」や「現場」に注目しながら，社会における人間とメッセージの多様な関係を論じていきます。ここでは，お笑いDVD の分析を通した情報アクセスに関する社会的課題，図工・美術教育を通した見ること・創作・生きることとの関係性，建築と建築模型のメタフォリカルな関係性，大学での映像制作指導を通したメディアリテラシーのあり方などが検討されます。

## ✤本書の企画について

　本書は「メッセージの産出・流通・受容」というメディア学およびコミュニケーション学の双方にとって重要な課題を，現代社会の諸相に関連づけながら多角的に考察するために企画されました。そして現代社会における「メッセージの産出（message production）」に焦点をあてることで，メディア研究とコミュケーション研究の現在知／現在地を浮かびあがらせることを企図しています。二人の編者すなわち，記号論・メディア学を経由してコミュニケーション学に関心をもった松本と，ディベートを経由してコミュニケーション学に触れ，レトリック学や非形式論理学の影響を受けつつメディア学に関心をもった小西は，立場こそ違えど，「メッセージ」の現代的なあり方に強い関心を抱いてきました。そして，多様な背景をもつ執筆者のご助力を頂き，本書を通じてメッセージの産出・制作・流通・受容などに関する洞察を提供できたことを，編者としては嬉しく思っています。

　最後に，「メッセージ」に焦点をあてて執筆された論考をまとめあげるタイトルとして，『メディアとメッセージ──社会のなかのコミュニケーション』を産出するだけでなく，これを辛抱づよく編集してくださったナカニシヤ出版の米谷龍幸さんに，この場を借りて，心からのお礼を申し上げます。

編者を代表して　小西卓三

【引用・参考文献】

石田英敬・東　浩紀（2019）．『新記号論──脳とメディアが出会うとき』ゲンロン

遠藤英樹・松本健太郎［編］（2015）．『空間とメディア──場所の記憶・移動・リアリティ』ナカニシヤ出版

オング, W. J. ／桜井直文・林　正寛・糟谷啓介 [訳] (1991).『声の文化と文字の文化』藤原書店

谷島貫太・松本健太郎 [編] (2017).『記録と記憶のメディア論』ナカニシヤ出版

マクルーハン, M・フィオーレ, Q. ／門林岳史 [訳] (2015).『メディアはメッセージである──影響の目録』河出書房新社

# 目 次

## 第Ⅲ部　「コミュニケーション」と「レトリック」から考えるメッセージ産出

## 第IV部　「モノ」と「現場」から考えるメッセージ産出

# 第1章

# デジタルメディアが運ぶものとは何か

## シミュレートされる「メディウム」と「コンテンツ」の輪郭

松本健太郎

「【ニトリ】スキップできない劇場【Full Ver.】」は，株式会社ニトリがその商品の宣伝を目的に作成した1分38秒のウェブCMである。全部で三つのパートから構成され，場面ごとに登場人物が追加されていくが，一貫してアピールされるのはNグリップという商品がいかに家事の「時短」に役立つか，面倒な作業を「スキップできるか」という点である。

#Nグリップ #ライフハック #スキップできない劇場

【ニトリ】スキップできない劇場【Full Ver.】

3.4万 回視聴

 211　46　共有　オフライン　保存

ニトリ公式 NITORI
チャンネル登録者数 9022人　　チャンネル登録

**【ニトリ】スキップできない劇場**
**【Full Ver.】** *

面白いのは，画面の右やや下方に「広告をスキップ」という表示が配置されている点である。YouTubeでのCM再生時によくみかける表示だが，これはじつはフェイクであり，実際にはその動画に埋め込まれたコンテンツの一部である（仮にそれをクリックしても，広告を「スキップ＝時短」することはできない）。そしてCM内では，登場人物の女性がそのボタンを指さしながら，「なあ，あんた動画みてる？どうせそのスキップボタン押すんやろ～。ええなぁ，広告はスキップできても家事はスキップできへんからなぁ～」と訴える。彼女はコンテンツの内側から，それを表示するYouTubeの機能に言及し，動画を観ている視聴者の笑いを惹起するのである。

*https://www.youtube.com/watch?v=0Y4sNlo7AmU（最終確認日：2019年3月9日，現在は非公開）

# 1 はじめに ────────────

　私たち現代人は一日のうちかなりの長さの時間を，目でスマートフォンを凝視することに，また，指でそのタッチパネルを操作することに費やしている。そして，その視覚と触覚の交差する画面上では，私たちを楽しませつつ，ちょっとした"隙間時間"を便利に埋めてくれる各種の「アプリ」が整然と配置されている（図1-1）。

　私たちは画面上のそれらのアプリを通じて，多種多様なコンテンツを享受しうる。つまり小さな板状のデバイスを通じて，自由自在に，小説やマンガを読んだり，映画やドラマを観たり，ゲームをプレイしたりすることができるのだ。それらは指先の操作によっていとも簡単に実現されるわけだが，しかし考えてもみれば，そのようなコンテンツはほんの数十年前まで，紙という物質を通じて読まれるものだったり，ブラウン管という装置を通じて観られるものだったりしたはずである。

❖ **画面との接触を求めるスマートフォン**

　実際，現代人は一日のうちかなり多くの時間を，スマートフォンと「接触」する──すなわち，そのタッチパネルを「凝視」しなが

**図 1-1　スマートフォンのうえにならぶアプリ**

ら「操作」する——ことに充てている。博報堂DYメディアパートナーズ・メディア環境研究所の「メディア定点調査2019」[1] の統計データによると，日本人は1日のうち，平均して117.6分もの時間を「携帯電話・スマートフォン」を操作して過ごしているという[2]。いうまでもなく，この「スマホ依存」ともよべるような事態は，決して他人事とは言い切れない。iPhoneの場合，2018年9月の時点でiOS12へのアップデートが実施され，ユーザーは新たに実装された「スクリーンタイム」の機能によって，1日あたりのデバイスとの接触時間とその内訳を手軽に確認できるようになった。それをみてみると，人によっては，「思ったよりもだいぶ長いなあ」と感じる人もいるだろう。

　むろん，一口に「スマートフォンとの接触時間」といっても，そのデバイスのなかで駆動するアプリは多様であり，また，その使用を前提としたユーザーの体験も多様である。実際，現代人は起床から就寝まで，じつにさまざまなかたちで各種アプリの恩恵にあずかっている。たとえば，目覚ましアプリのアラームで起床する，通勤電車の時刻をチェックする，そして身動きがとれない満員電車のなかで映画やゲームに興じる……。それこそ私たちの生活（および，それを構成する個々の行為）は，多種多様なアプリと連携しながら進行しているのだ。意識しようとしまいと，そのようなメディア接触の形態は私たちの日常において常態化しており，もはや，それなしに生活を送ることは困難といえるほどまでに，不可欠なものとして経験されつつあるのが実情であろう。

　ともあれ，私たちがスマートフォンの操作に没頭するとき，画面を視認する目と，それを操作する指が交差するところに配置されて

---

1) https://mekanken.com/mediasurveys/（最終確認日：2020年11月11日）
2) むろん，これはあくまでも全世代の平均値であり，若い世代に限っていうならば，その種のポータブルデバイスとの接触時間はもっと長い。

いるのは、タッチパネルに描き出された「アプリ」である。そのアプリは、これから本章で論及していくように、何らかの「メディウム」あるいは「コンテンツ」を提示するための現代的なテクノロジーとして機能する。それでは各種アプリの使用を前提としたスマートフォンは、現代のデジタル環境下にあって、どのような「メディア」として私たちの前に立ち現れつつあるのだろうか。以下では本書の趣旨に準拠して、「メディア」と「メッセージ」の関係を軸としながら、この問題を考えていきたい。

## ② 「メディアはメッセージである」のか？： メタ・メディアとしてのスマートフォン ————

> メディアはメッセージである（マクルーハン，1987）。

　ある定義によれば、メディアはメッセージを運ぶ。そしてそのような見方を採用すれば、メディアは「メッセージを運ぶ乗り物」であり、したがって「メディア」＝「メッセージ」ではないように思われる。しかしそれにもかかわらず、20世紀後半に活躍したマーシャル・マクルーハンは『メディア論——人間の拡張の諸相』のなかで、上記のような言葉を放ったのである。これは一体どういう意味なのだろうか。

　マクルーハンが主張しようとしたのは、つまりはつぎのことである——メディアとはそれが伝達するメッセージ以上に、それ自体がメッセージ性をおびており、個々のメディウムの技術的な特性によってコミュニケーションのあり方が規定される。簡単な例をあげるならば、たとえば誰かに大切な何かを伝えなければならない場合、直接会って話すのと、直筆で手紙に書くのと、LINE で済ませてし

まうのとでは，相手に与える印象もだいぶ変わってくるはずである。あるいは，ある映画を観た直後にその原作の小説を読んだ場合，双方からうける印象の違いに驚くこともあるだろう。マクルーハンが着眼したのは，仮に伝達の対象となるものが同一のメッセージだとしても，それを運ぶメディア（＝乗り物）の差異によって，コミュニケーションのあり方やその帰結が大きく変容する，という点である。

　マクルーハンは「メディアはメッセージである」という印象的な言葉によって，「メディアを形作る前提を無視してメディアを中立的で無色透明なものと考え，内容ばかりに目が行く表層的な論議を戒めた」（服部, 2018: 2）といえるが，しかし忘れてはならないのは，彼が『メディア論──人間の拡張の諸相』でそのような主張を展開したのは今よりもかなり前のこと，具体的にいえば 1964 年だったことである。では，その当時に彼が提起した「メディアはメッセージ」であるという警句は，1990 年代におけるインターネットの普及，そして 2000 年代以降のスマートフォンの普及を経たのちも，いまだに有効であると即断されうるのだろうか。おそらく，答えは否であろう。なにしろ当時は，ネットを「検索する」人も，あるいは，スマホの画面を「タップする」人も皆無だった時代である。メディアがデジタル化され，さらにポータブル化された今，スマートフォンは単純に「メッセージの乗り物」というよりも，もっと複雑な何かとして私たちの前に立ち現れつつあるように思われる。

## ❖スマートフォンとは何か

　スマートフォンとは何か，という問いを思い浮かべてみたとき，第一に，その「〇〇フォン」という名称が端的に示唆するように，それはまず「電話」として認知されるのが一般的ではないだろうか。電話（telephone）とは「遠い」を意味する接頭辞「tele-」に，「音」

を意味する「phone」が結びついて構成された単語であり，そもそもは「遠くの音を聞かせてくれる」というその機能こそが第一義的であったはずである。しかしメディウムとして発展を遂げるなかでそれに数々の機能が付加され，たとえば「コードレスフォン」「フィーチャーフォン」「スマートフォン」等がその典型であるように，「電話」というメディウムの輪郭も曖昧化していった。

　それでは「電話」が当初のものと比べて大きく変遷した今，スマートフォンはどのようなメディアとして現前しつつあるのだろうか。富田英典が言及するように，その特徴は「無料あるいは安価なアプリを手軽に利用できる点であった。そのジャンルはゲームからビジネスまで幅広い。携帯電話に比べて，スマートフォンはアプリを利用するためのデバイスという側面が強い」（富田, 2016: 10）。

　見方によっては，多数のアプリ使用を前提とするスマートフォンは，「メディアのメディア」もしくは「メタ・メディア」として位置づけうるのではないだろうか。スマートフォンはときにカメラや計算機やゲーム機に化け，また，新聞やラジオや映画に化け，さらには，手紙やメモ帳や目覚まし時計にも化ける。そして，立ち上げられたアプリの機能に応じて，ユーザーはそのつど「カメラマン」になったり，「計算機の使用者」になったり，「プレイヤー」になったりといった具合に，その役割の更新を意図せずとも受け入れていることになる。つまるところ，ユーザーがどのようなアプリをダウンロードし，起動させるかによって，スマートフォンの「メディア」としての機能やそれを使用するユーザーの役割が刻々と変化していくのである。そう考えてみた場合，従来のアナログ媒体におけるメディウム的な特性と比較すると，デジタルメディアとしてのスマートフォンは「メディアのメディア」あるいは「メタ・メディア」として位置づけうるものであり，またその作用によって，個々のメディウムの輪郭を溶解させつつある，と理解してみることができるの

だ。

　ジェレミー・W・モリスとサラ・マーレイは「アプリ」とよばれる対象について，それを「ソフトウェアのパッケージング，プレゼンテーション，配布，消費の一形態」であると規定し，さらに，それによって「今日，ソフトウェアは文字通り世界中の何百万人ものユーザーのポケットに入っている。［中略］今では，これまで以上に，ユーザーはモバイルデバイス上の高度にパッケージ化され，キュレーションされたソフトウェアに日常の活動の広大な範囲を委任している」と指摘している（Morris & Murray, 2018）。

　スマートフォンはいわば入れ子構造的に，「アプリ」というかたちでシミュレートされたメディアを，「スマートフォン」というデジタルメディアが包摂する二重構造をなしている。それはいわば「メディアのメディア」ともいえるが，これに関連して，ノルベルト・ボルツによる以下のような言葉を引用しておくこともできるだろう。

　　新しいメディアが進化していく過程を観察すると，最初は常により古いメディアを模しながら発展し，次第に自己自身の技術的可能性のものさしで自己を計るようになる。そして最後には，新しいメディアが初期の依存状態を脱し，逆に他メディアとの関係を管理するようになり，メディアのメディアとしてふるまうようになるのだ。そのため，あるメディアの内容は常に他のメディアである（ボルツ, 1999: 118　下線は引用者による）。

　このような「メディアのメディア」としての性格は，近年まさに普及したスマートフォンにおいて顕著に認めることができるだろう。

## ❸ デジタル化＝「メディアのコンピュータ化」──

写真，電話，テレビ……これら従来から存在したメディウムが「デジタル化」されるとき，何がどう変化するのだろうか。ブルース・シュナイアーがこれに関して示唆に富んだ説明をしているので，以下にそれを引用しておこう。

> 先日，わが家の冷蔵庫の修理を頼んだとき，修理業者は冷蔵庫を制御するコンピュータを交換した。私はそのとき，自分が思い違いをしていたことに気づいた。私たちのキッチンにあるのは，コンピュータつきの冷蔵庫というより，食品を冷やすコンピュータと言ったほうがいい。このように，私たちの身のまわりのものは，ことごとく「コンピュータ」になっている。電話は，通話ができるコンピュータだ。自動車はハンドルとエンジンのついたコンピュータで，オーブンはラザニアを焼けるコンピュータ，カメラは写真を撮るコンピュータだ。そして，ペットや家畜にまでコンピュータチップが取りつけられるようになった。私の飼いネコは，日がな一日，陽だまりで昼寝するコンピュータ，といったところだ（シュナイアー, 2016: 32）。

さすがにネコ＝「昼寝するコンピュータ」は冗談だとしても，ここで列挙される「冷蔵庫」「自動車」「オーブン」などを考えてみると，現在それらにはたしかにチップが埋め込まれ，ある側面においては「コンピュータ化」している。ここに「デジタル化」の本質を見出すことはそう難しくはないだろう。

他方，石田英敬も「デジタルメディア革命」に言及するなかで，それを「平たく言えばすべてがコンピュータになるということ」であると指摘している（石田, 2016: 120）。つまり「電話・カメラなど

といったアナログメディアの形状を残していながら，中身はコンピュータ」になる，というのがその内実だという（同書: 同頁）。つまるところ（デジタルメディアである）コンピュータによって，あるいは，その「0」と「1」であらゆる記号がデジタル的に処理される数学的なパラダイムによって，従来のアナログメディアの形状がシミュレートされているわけである。むろん，たとえば写真のデジタル化といっても，レンズなどを含めそのすべてがコンピュータ化されるわけではない。石田によると，そこでは「アナログで撮った画像の明度・彩度をコンピュータがすべてデジタル記号（0と1）に変換し，情報処理」することになる（同書: 127）。

## ❖スマートフォンのうえでシミュレートされるメディア

　ここでデジタル一眼レフカメラと比べた場合，スマートフォンに搭載されたカメラはその本来の姿かたちから解放され，抽象化された「記号」と化している。タッチパネル上で四角く描出されたカメラアプリ（図1-2）を立ち上げ，白いシャッターボタンを押せば，私たちはいとも簡単に写真を撮影することができる。

　ともあれ，アプリを加除することで意中の機能をそなえうるスマートフォンには，人類が過去に考案した多種多様なメディウムの姿が集約されている，と解することができる。あるいは視点を変えてみると，人類が過去に発明してきた各種のメディウム（写真，電

**図1-2　iPhone のカメラアプリのアイコン**

話，テレビ……）は，スマートフォンのなかで一定の物質的な基盤をそなえた「モノ」として実在するというよりは，むしろその画面上で記号的[3]に描画され，その姿や働きがシミュレートされている，とも捉えることができよう。iPhone 上で駆動するアプリは，ものによっては「テレビ」や「DJ コントローラ」や「計算機」の代理物を提供するが，別にそれらのガジェットが「モノ」として実在しているわけではない。むしろスマートフォンという装置＝「モノ」のうえで，それらの個々のメディウムとしての外見や機能が模倣的に再現されているのだ。そう考えてみるならば，スマートフォンはマクルーハン的な意味での「メッセージの乗り物」というよりも，むしろ「メディアの乗り物」として把握するほうが適切である，といえるかもしれない。

## ❹ アプリを横断するコンテンツ：スマートフォンのなかのメディアミックス的越境性

　前節までの議論で明らかになったように，スマートフォンは「アプリ」という形式を用いて，人類が過去に考案してきた多種多様な「メディウム」の形態や機能をシミュレートするものといえる。その限りにおいて，デジタルメディアとしてのスマートフォンは「メディアの乗り物」であるといえるが，これに対して本節では，それを別の観点から，すなわちそれを「コンテンツの乗り物」という観

---

3) 今しがた「記号的」と表現したが，デジタルデバイスが表象する GUI は，記号論／記号学でいうところの「記号」として位置づけうる。記号というと，一般には地図記号とか道路標識とかを想起する人が多いかもしれないが，その分野でいうそれはもっと幅広いカテゴリーであり，言語・映像・音楽などを含め，人間がそこから意味を読みとりうるものすべてが「記号」ということになる。

点から再考してみたい。

　岡本健は「コンテンツ」という概念について，それを「基本的には「内容」や「中身」のことを指す語」としたうえで，「content は動詞でもある。その時には，人を「満足させる」という意味をもつ。本書で扱う「コンテンツ」も，ただの情報内容ではなく，人を満足させ，楽しませるものである」と規定している（岡本, 2016: 4–5）。一般的に「コンテンツ」として指呼されるものとして，新聞であれば「記事」，テレビであれば「番組」，映画であれば「作品」，ゲームであれば「ソフト」など，人を満足させる「内容」や「中身」が想定されうるが，それらは実質的には文字情報，音声情報，動画情報の集積によって成立するものでもあり，したがって見方によっては，メディアが運ぶ「メッセージ」の水準と同位にあると考えられる（服部, 2018: 43）。

　ちなみにデジタル革命を経た現在，新聞・テレビ・映画・ゲームなどの各種メディウムはスマートフォンのうえでアプリへと変換され，ユーザーはそれらを窓口として，新聞の「記事」，テレビの「番組」，映画の「作品」，ゲームの「ソフト」などのコンテンツを受容することができる。ようするに，指先の操作でアプリをひらくだけで，驚くほど簡単にコンテンツへの扉へとたどり着くことができるのだ。

### ❖メディアミックス的状況のなかのコンテンツ受容

　むろん現代日本において，私たちは「メディアミックス」が重要な鍵語となるような文化を経験しつつあり，その影響は，スマートフォンを通じたコンテンツ受容にもあらわれている。たとえば私たちは，コミックシーモアのアプリを使用して漫画版の『ジョジョの奇妙な冒険』を読了した後に，Hulu のアプリを使用してそのアニメ版を鑑賞することが可能である。あるいは，スマホ版の法廷バト

ルゲーム「逆転裁判6」をプレイした後に，Amazonのプライムビデオで実写版の「逆転裁判」を観ることもできる。つまりスマートフォンにダウンロードされた異なるアプリを通じて，同じタイトルのコンテンツを意のままに受容することができる。そしていうまでもなく，そのような「柔軟」ともいえるコンテンツ受容が可能となった背景には，現代日本における「メディアミックス」的状況がある，とも付け加えておくべきだろう。

　コンテンツ／アプリ／デバイス──それらのデジタル環境下における三者関係を念頭におくならば，マクルーハンが提唱した「メディアはメッセージである」といった警句や，あるいは「メディアとメッセージの関係」をめぐる従来的考察は，いかにして更新されるべきなのだろうか。次節では「透明性」という視点を導入しながら，さらにこの問題を考えていきたい。

## ⑤　アプリ操作のプロセスに介在する二重の透明性 ──

　既述のように，私たちはスマートフォンのアプリを通じて，コンテンツとして「小説」や「マンガ」を読んだり，「映画」や「ドラマ」をみたりする。それは一昔前のアナログ時代とはまったく異なる体験であるはずなのだが，私たちはその小さな画面を通じたコンテンツ受容に慣れきってしまい，それをあらためて内省してみる機会すらない，というのが実情であろう。

　以前，筆者が『デジタル記号論──「視覚に従属する触覚」がひきよせるリアリティ』のなかで主張したことであるが，「私たちが何かしらのメディアとの接触に馴化していく過程で，メディアそのものは次第に意識されなくなっていく。実際に，いったんあるメディアの使用や操作に馴れてしまうと，そのメディアそのものは「透明化」する」，換言すれば「メディアがその媒介作用を十全に発

揮するとき，そこで何かに媒介されているという感覚や意識は消失していく」のである（松本, 2019: 106）。たとえば「写真をみる際に，その透明な表象そのものは通常は意識の俎上にのぼることはない。人びとが実際にみているのは写真そのものではなく，写真にうつりこんだ被写体の形象だからである。また読書をする際に，ページを捲るという身体と物質との接触体験は通常は意識の俎上にのぼることはない。人びとが読書によって作品世界に没入するときには，書物による媒介意識は忘れ去られているからである」（松本, 2013: 84-85）。ようするに私たちがあるメディアを使い始めるとき，当初はそれが異物のように感じられるが，次第にその使用に慣れてくると，「何かに媒介されているという感覚や意識」（＝媒介意識）は後退していくのである。そして「媒介意識の後退」は，写真にしても小説にしてもゲームにしても，人が何らかのコンテンツに没入するための前提条件になる，ともいえるかもしれない。

## ❖メディアの消滅

　ちなみにこの問題は，ジュビレ・クレーマーが『メディア，使者，伝達作用──メディア性の「形而上学」の試み』のなかで言及する「メディアの消滅」と関連づけて理解できるのではないだろうか。以下，彼の言葉を手短に引用しておこう。

> 日常的な使用においてメディアは何かを現象させるが，メディアが示すものはメディア自体ではなく，メッセージである。したがってメディア現象においては，感覚的に目に見える表層が意味となるが，目に見えないメディアが深層構造をなしている。[中略] メディアの成功は，メディアの消滅において保証される（クレーマー, 2014: 17）。

　マクルーハンは「メディアはメッセージである」と語り，メッセージを伝達する媒体のメッセージ性を強調した。しかし，まったく別の見方をすれば，メディアが何かしらのメッセージを提示する際，メディアそのものは意識されてはならない（このとき，「表層」のメッセージ＝意味のみが可視化され，「深層」をなすメディアは見えなくなる。メディアが強力なメッセージ性を放ってはまずいのである）。つまり，クレーマーが論及するように，「メディアの消滅」は「メディアの成功」を保証する。あるいは，「メディアは媒介性が意識されなくなったときに，その作用を十全に発揮することができる」といえるのだ（松本，2019: 201）。

　しかしこの「メディアの消滅」をめぐる問題は，スマートフォンを介したコンテンツ受容を事例として考えたとき，そう単純ではないことに気づく。というのも先述のように，デジタルメディアとしてのスマートフォンは「メディアのメディア」であり，いわば入れ子構造的に，「アプリ」というかたちでシミュレートされたメディアを，「スマートフォン」というデジタルメディアが包摂する二重構造をなしているからである。そのような新種のデジタルメディアにおいては，ユーザーが画面上のアプリを探してそれをタップするまでは，メディアとしてのスマートフォンが「深層」をなし，アイコンとして描かれたアプリが「表層」的なメッセージとして可視化されることになる。しかしいったんアプリをひらいてしまえば，そのアプリのフレームは後景化し，むしろその内側で表象されるコンテンツのみが意識される状態になる（つまり「表層」だったアプリは，それが起動してコンテンツを提示する段階になると，メディアとして「深層」を構成するようになるのだ）。

　いずれにせよ，本章ではスマートフォンを「メッセージの乗り物」ではなく，「メディアの乗り物」として規定してきたが，以上の議論をふまえるならば，その言い方ではまだ不十分なようである。

むしろより正確な表現を期するならば，スマートフォンとは「メッセージ（＝コンテンツ）の乗り物（＝メディアとしての「アプリ」）の乗り物（＝メディアとしての「デバイス」）」であり，それを経由したコンテンツ受容のプロセスにおいては，二つの水準での透明化——「デバイスの透明化」と「アプリの透明化」——が介在しうるのである。実際，私たちがスマートフォンの画面に没頭する瞬間，そのメディアとしてのデバイスは意識されなくなっている。そして，さらに私たちがアプリをひらいてコンテンツに没入する瞬間，そのメディアとしてのアプリのフレームは意識されなくなっているのだ。

## ⑥　結びにかえて：さまよう指先とその先にあるもの

　私たちの指は，一日あたり数時間もスマートフォンのタッチパネル上をさまよっている。タップ，フリック，スワイプ，ピンチイン，ピンチアウト——それこそさまざまなタッチジェスチャーを駆使しながら，つるつるとしたタッチパネルの表層を繰り返し，反復的に触りつづける。そしてその指の先にあるものは，各種のメディウムの代理物として機能するアプリ群であり，また，それらを窓口とするコンテンツ群である。

　さて，本章ではスマートフォンとそのアプリをおもな題材として，デジタル時代における「メディア」と「メッセージ」の関係性をあらためて考察してきた。そしてスマートフォンのメディアとしてのあり方を確認したうえで，それによってシミュレートされる「メディウム」および「コンテンツ」の輪郭を検討してきたのである。

　20世紀後半に活躍したマクルーハンは，「メディアはメッセージである」という有名な洞察を後世に残した。しかしながら，デジタル革命を経た現在，私たちはその有効性をいまいちど問い直す必要があるのかもしれない。というのも，コンテンツ／アプリ／デバイ

スの多重構造を前提とするスマートフォンは，デジタル時代における「メディア」と「メッセージ」の新たな組み合わせを私たちユーザーに突きつけている，そう考えてみることができるからである。

◉ディスカッションのために
1 自分のスマートフォン利用において，そのメディア性を意識するのはどのようなときだろうか？
2 スマートフォンはどのようなデバイスか。メタ・メディア，二重の透明性の記述をふまえ，まとめてみよう。
3 多くのメディアがデジタル化，コンピュータ化されるなか，人とあって話すという行為は，どのような意味をもつのだろうか？

**【引用・参考文献】**
石田英敬（2016）．『大人のためのメディア論講義』筑摩書房
岡本　健（2016）．「メディアの発達と新たなメディア・コンテンツ論——現実・情報・虚構空間を横断した分析の必要性」岡本　健・遠藤英樹［編］『メディア・コンテンツ論』ナカニシヤ出版，pp.3–20.
クレーマー，S.／宇和川雄ほか［訳］（2014）．『メディア，使者，伝達作用——メディア性の「形而上学」の試み』晃洋書房（Krämer, S.（2008）. *Medium, Bote, Übertragung: Kleine Metaphysik der Medialität.* Frankfurt am Main: Suhrkamp.）
シュナイアー，B.／池村千秋［訳］（2016）．『超監視社会——私たちのデータはどこまで見られているのか？』草思社（Schneier, B.（2015）. *Data and Goliath: The hidden battles to collect your data and control your world.* New York: W. W. Norton & Company.）
スタインバーグ，M.／大塚英志［監修］・中川　譲［訳］（2015）．『なぜ日本は〈メディアミックスする国〉なのか』KADOKAWA（Steinberg, M.（2012）. *Anime's media mix: Franchising toys and characters in Japan.* Minneapolis, MN: University of Minnesota Press.）
富田英典（2016）．「メディア状況の概観とセカンドオフライン——モバイル社会の現在」富田英典［編］『ポスト・モバイル社会——セカンドオフ

ラインの時代へ』世界思想社，pp.1–19.

服部　桂 (2018).『マクルーハンはメッセージ──メディアとテクノロジーの未来はどこへ向かうのか?』イースト・プレス

ボルツ, N.／識名章喜・足立典子［訳］(1999).『グーテンベルク銀河系の終焉──新しいコミュニケーションのすがた』法政大学出版局 (Bolz, N. (1993). *Am Ende der Gutenberg-Galaxis: Die neuen Kommunikationsverhältnisse*. München: Wilhelm Fink Verlag.)

マクルーハン, M.／栗原　裕・河本仲聖［訳］(1987).『メディア論──人間の拡張の諸相』みすず書房 (McLuhan, M. (1964). *Understanding media: The extentions of man*. London: Routledge.)

松本健太郎 (2013).「スポーツゲームの組成──それは現実の何を模倣して成立するのか」日本記号学会［編］『ゲーム化する世界──コンピュータゲームの記号論』新曜社，pp.71–87.

松本健太郎 (2019).『デジタル記号論──「視覚に従属する触覚」がひきよせるリアリティ』新曜社

Morris, J. W., & Murray, S. (2018). *Appified: Culture in the age of apps*. Ann Arbor, MI: University of Michigan Press.

# 第2章

# 「インスタ映え」消費の背景
## テレビ化するスマホ
### 鈴木謙介

Instagram のログインページ *

Instagram などのソーシャル・メディアが消費の行動に影響を与える，いわゆる「インスタ映え」のような事例が目立つようになっている。消費者行動論の観点からすると，インスタ映えは製品に対する知識や動機が乏しい状態の消費者が，ぱっと見の印象で購入する製品を決めるのに適した

メディアであるといえる。また，自分が消費したものを画像で伝えることで，その事実を「いいね！」などの反応によって肯定されるメディアでもある。言い換えるとインスタ映えが流行しているのは，メディアが目新しいからというより，消費者の心理にうまくフィットする利用形態を可能にしているからということになる。この章では，目先の新しい現象をより本質的な観点から分析することで，現代の消費とメディアの関係を理解するための枠組みについて論じている。現代の消費者は何を手がかりに消費するものを決定するのか。その根底にあるものを読み解いてみよう。

---

* 出典：https://www.instagram.com/（最終確認日：2020 年 11 月 10 日）

# ❶ はじめに：ソーシャル・メディアと画像の消費 ─

近年の消費をめぐる重要な傾向として，「スマートフォンなどのモバイル機器のカメラで撮影した画像が消費を促す材料になる」というものがある。その代表とされるのが，画像や動画を投稿するソーシャル・メディアの普及である。この分野の代表的なサービスである「Instagram」の利用率は，2015 年から 2016 年にかけて，10 代から 30 代の間で約 5–15 ポイント増加した（図 2-1）。

Instagram の特徴は，写真を投稿し，利用者に公開できるところにある。公開された写真は，Instagram 上の友達や一般利用者に閲覧され，「いいね！」などのリアクションを得ることがある。また基本的にはスマートフォンのアプリとして利用されることを念頭に置いたサービスであるため，投稿される写真は外出先での友人とのアクティビティであることも多く，友人からの高評価を得られそうなアクティビティやロケーションは「インスタ映え」するとよばれるなど，2010 年代後半の流行現象になった。

こうした流行は，とくにレジャー消費に影響を与えている。共同通信の調べによると，国営ひたち海浜公園のネモフィラが一面をブルーに染める写真がInstagram やキュレーションアプリで拡散され

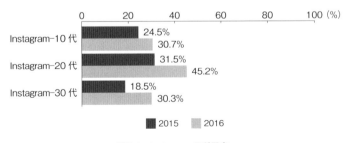

**図 2-1　Instagram の利用率**
出典：総務省（2018a）をもとに筆者作成

て話題になった際には，国営ひたち海浜公園に関する投稿が激増し，
「# ゴールデンウィーク」のハッシュタグが付けられた投稿のうち
東京ディズニーリゾートを抜いて最多投稿数となったという。この
ように「Instagram で話題になると観光客が殺到する」という事例
が近年増加しており，福岡県篠栗町の「九大の森」のケースでは，
観光客によるマナーの問題や渋滞が発生したことから，警備員が巡
回するようになったと報じられた。

　ここで起きているのは，まず「ソーシャル・メディアの画像が消
費を促す」という現象である。しかしながらそこでは，前提として
「人びとが自分の消費行動を撮影し，ソーシャル・メディア上に公
開する」ということも行われている。つまり，ソーシャル・メディ
アにおける画像の投稿と閲覧の連鎖が，同時に消費行動の連鎖を促
しているのである。

　ここで問題とされるのは，さしあたってつぎの 2 点である。まず，
ソーシャル・メディア経由で閲覧される画像と消費の関係について
である。人びとが「インスタ映え」すると言われるような消費に向
かうのは，あらかじめそのような画像を見ることによって，それが
どのようなものであるのかが共有されているからだ。ということは，
消費者は消費選択にあたって，消費の対象を画像で確認するという
ことを行なっているはずだ。なぜ，消費者は画像で消費の対象を確
認するようになっているのか。

　つぎに，その行為とスマートフォンの関係についてである。「イ
ンスタ映え」をはじめ，消費を促す画像が掲載されるソーシャル・
メディアの多くは，主にスマートフォンから閲覧されるサービスで
ある。ということは，そこには「画像→消費」という関係だけでなく，
「スマートフォン（経由で閲覧するソーシャル・メディア）→画像→消
費」という関係が見出せるはずである。スマートフォンは，こうし
た一連の流れのなかでどのような役割を果たしているのだろうか。

## ❷ 低関与の消費者による画像検索

　まず人びとが，ソーシャル・メディアの画像をもとに特定の消費を選択するという振る舞いについて考えてみたい。現在では「インスタ映え」する消費は流行現象，すなわち集合的に観察される現象になっているが，もともとは一人ひとりがそれぞれの動機で行う消費行動である。だとするなら，まずは「インスタ映え」という消費のスタイルについて分析する必要があるだろう。

　消費者がメディアの情報との相互作用のなかで消費を決定するプロセスについて，消費者行動研究では「消費者情報処理」というアプローチをとる。これは消費者をひとつの情報処理システムと捉え，外部から入ってくる情報だけでなく，個人の内部で記憶や認知などの情報がどのように扱われるかを研究する分野で，主として心理学での蓄積が多い。

　研究の発展やメディアなどの環境の変化もあって，従来の研究を一言でまとめるのは難しいが，ここでは消費者情報処理モデルの主要概念である「関与（involvement）」を手がかりに整理しておく。関与とは，製品に対して動機づけられた結果として活性化される内的な状態のことである。青木幸弘は消費者の関与を「対象や状況（ないし課題）といった諸要因によって活性化された個人内の目的志向的な状態であり，個人の価値体系の支配を受け，当該対象や状況（ないし課題）に関わる情報処理や意思決定の水準およびその内容を規定する状態」（青木, 1989）と定義している。

　関与は一般に，その水準の強度を連続的な変数として表現できると考えられている。そして高関与であるか低関与であるかによって，情報処理プロセスにも変化が生じるとされる。青木（2012）によると，消費者が高関与な状態では，情報の処理水準は深層的になり，情報探索の量や範囲が拡大し，対象や状況に関する中心的な情報によっ

て態度が形成されるという。逆に低関与な状態では，情報の処理水準は表層的なものになり，情報探索の量や範囲が縮小するため，周辺的情報によって態度が形成されるという。

　日常的な語彙でこの違いを説明するならば，以下のようになるだろう。すなわち，製品に対して強い関心がある状態では，消費者はネットでさまざまな情報を，詳しいところまで検索し，それについて吟味するだろう。製品をどのように受け止めるかについても，性能や成分といった細かなところまで知ったうえで判断するはずだ。逆に製品に対する関心や知識が希薄であれば，製品に対する態度も，表層的で印象論的なものにとどまるだろう。

　消費者の関与の水準による，製品の受け止め方の違いはどのようなものか。新倉貴士（2005）は，消費者の知識に関するひとつのモデルである「手段－目的連鎖モデル」を援用しつつ，製品に対する消費者の受け止め方としての「属性」を，「特性的属性」「便益的属性」「シンボリック属性」の三種類に分類している。特性的属性とは，物理的で客観的な具体的特性，いわゆる性能や成分のような属性である。そして便益的属性とは，たとえば「無農薬」という特性的属性に対して抱く「体に良さそう」といった受け止め方のことを指す。他方で，「親としては，子供に食べさせるなら無農薬野菜を選びたい」という受け止め方をする場合，それは製品の特性からより抽象化された属性ということになるので，シンボリック属性であるといえる。

　関与の水準の強度が製品に対する態度に影響を与えるとするならば，そこで消費者が見出す属性にも差が生じると考えられる。すなわち，高関与な状態であれば消費者はより特性的属性や，そこから得られる便益的属性に関する情報を探索する一方，低関与な消費者はそこまで具体的な情報を事細かに調べず，印象から導き出された便益的属性やシンボリック属性などの抽象的な属性で製品に対する

表2-1　消費者の関与水準と求められる属性

|  | 高関与 | 低関与 |
|---|---|---|
| 求められる属性 | 特性的属性，便益的属性 | 便益的属性，シンボリック属性 |

態度を決定すると想定できるのだ（表2-1）。

　では，消費者の関与水準と求められる属性の関係を，スマートフォンという媒体によって情報探索するという状況において考えると，どのようなことがいえるだろうか。ここで重要なのは，スマートフォンからアクセスする情報の特徴であろう。一般にパソコンよりも画面の小さいスマートフォン向けの情報は，画面上に表示される情報が多くなりすぎないように最適化されていることが多い。そのため，複数の製品のスペックを比較したり，大量のリストから自分の求める製品を見つけ出したりすることには不向きである。一方で，解像度が高く画質の良いスマートフォンでは，ディスプレイ全体に表示されるような画像や動画を発信することで，細かな特徴は伝わらないとしても，直感的な印象やデザインなどの情報をより効果的に伝達できるという特徴がある。

　さらに，パソコンのように大きく，持ち運びに不便なデバイスでは，消費者が何らかの課題を感じた瞬間に，その場で情報探索を行うことが難しい。通信手段を兼ね備えているスマートフォンはその点で，その瞬間，その場所で生じた課題を解決する製品を，すぐに調べられるという特徴ももっている（図2-2）。

　こうした特徴をあげていくと，スマートフォン経由の情報探索が，高関与な消費者による特性的属性の探索ではなく，いま食べたい，この近くで休みたいといった，突発的であるがゆえに低関与な動機を有した消費者による，抽象的な属性の情報探索に適していることがわかる。そのような前提からInstagramというサービスをみるならば，そこでは確かに画面いっぱいのサイズの画像が掲載さ

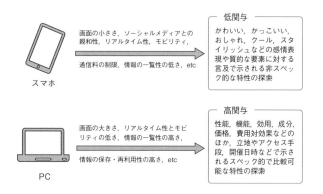

**図2-2 スマホとPCにおける情報探索と関与度の違い**

れ，そのシーンに対する強い印象を残す一方で，それがどこで撮られたものなのかといった特性的属性については掲載されていないか，わざわざ調べないとわからないようになっている。以上のことから，「インスタ映え」という現象は，消費者行動論の観点からみると，「いまここで生じた課題を消費によって解決したい」という低関与な消費者が情報探索を行ううえで合理的に行動した結果として生じている側面をもつといえるのである。

　ただ，こうした説明はあくまで，消費者の「事前探索」について説明したものに過ぎない。Instagramはそもそも観光スポットや飲食店などの消費手段を紹介するためのサービスではないし，スマートフォン向けには他にもレジャースポットを紹介するさまざまなアプリがある。それにもかかわらず，そこで紹介される風景すらも「インスタ映え」するというかたちで，Instagramに投稿されることが推奨されるのはなぜなのか。

　これについても，消費者行動論の知見を援用して理解することができる。一般に低関与な消費者の情報探索においては，表面的で抽象的な属性が態度決定に影響するため，実際に購入した際の後悔に

つながることが多いとされる。その代わり，情報の処理にかかるコストを減少させることによって便益を得ようとするのである。つまり，時間をかけていろいろと調べておけば購入後に後悔する確率は下がるだろうが手間がかかる。その手間を省く代わりに，後悔するリスクを引き受けるというのである。

Instagram のようなソーシャル・メディアには，投稿した画像に対して「いいね！」などのリアクションを行うことができる機能が実装されている。そこで「いい」とされているのは何か。まさに消費者の選択そのものが，そこで肯定されているとは考えられないだろうか。つまり，表面的で抽象的な属性をもとに購入を決定した製品に対して，事後評価として与えられる「いいね！」が，「この製品を購入したのは間違いではなかった」という安心感をもたらしているのではないか。

以上みてきたとおり，「インスタ映え」するスポットへの訪問という消費行動は，①スマートフォン経由の情報探索行動が，画像などの閲覧によって抽象的属性にもとづく態度決定を行う，低関与な消費者の選択に適合的であること，②抽象的な属性による態度決定がもたらす後悔を，ソーシャル・メディア上でのリアクションが緩和してくれると期待できること，という二つの点から考察することができる。

この考察を，当初の問題であった「スマートフォン（経由で閲覧するソーシャル・メディア）→画像→消費」という流れに当てはめるならば，つぎのように記述されることになる。すなわち，関与度の低い消費者にとって重要なのは「ぱっと見の印象」なのであり，それゆえに，本来であれば他にもありえるはずの消費選択が，「スマートフォンの画面いっぱいに表示される画像」に左右されるのである。

だが，そうした「低関与な消費者」と「スマートフォン」は，ど

のように結びついたのだろうか。もしも「低関与な消費者→スマートフォン→画像→消費」という流れが正しいのだとして，ではなぜ，低関与な消費者はスマートフォン経由で消費の対象を探そうとするのだろうか。以下では本章の知見を応用して，現代におけるスマートフォンと消費の関係についての試論を展開したい。

## ③ 「情報源」としてのスマートフォン───────

　総務省が発行する「平成 30 年版 情報通信白書」によると，「趣味や娯楽に関する情報を得る」ために最も利用するメディアとしてあげられているのはインターネット（61.3%，2017 年，以後同様）である。とくに 10 代では 82.0%，20 代では 82.5% と，若い世代でその傾向が強い。またネット利用の行為者率を機器別にみると，10 代では PC が 8.6% に対してモバイルが 78.8%，20 代では PC が 27.5% であるのに対してモバイルが 90.3% となっている。また，利用時間でみても PC よりモバイルのほうが圧倒的に長い。

　これらのことが示すのは，レジャーを含む娯楽の情報源は，若い世代においてはすでにテレビではなくモバイルになっているということだ。モバイル機器の主力がスマートフォンであることを考えれば，少なくとも娯楽情報に関する「テレビ離れ」，すなわち「スマホシフト」はすでに完了していると考えていいだろう。

　このことは，単なる利用機器の変化を意味していない。というのもテレビとインターネットでは，そもそも情報に触れるスタイルが異なっているからだ。一般に言われるように，テレビは「プッシュ型」とよばれる，送り手側が取捨選択した情報を一方通行で発信するメディアである。視聴側の情報の選択権は「チャンネル」という限定されたかたちでしか存在しておらず，また民間放送であればコマーシャルというかたちでコンテンツの間に強制的に広告が挟み込

まれ，リアルタイムで視聴している限りそれをスキップすることもできない。

　他方，インターネットの場合は「プル型」とよばれるように，ユーザーがどのような情報を引き出すかについて主体的に働きかける余地がある。どのようなウェブサイトにアクセスし，どのページを，いつ，どこで読むかについての選択はユーザーに委ねられており，それゆえユーザーの興味を惹く情報発信を念頭に置く必要があるというのが，ウェブサイトのデザインにおいて重要視されてきたことだ。

　だが，こうした「テレビ＝プッシュ型」，「ネット＝プル型」という区分は，近年とくに自明のものではなくなりつつある。とりわけ変化しているのはインターネットの方だ。YouTube を皮切りに，Netflix，Amazon Prime Video などの動画配信サービスが次々と登場し，それまでテレビに出演していたような大物タレントも関わるようになった。またInstagram においても「ストーリー」とよばれる，一定時間で投稿が消える機能において，一般の投稿のあいだに動画広告が挟まれるようになっている。テレビに比べればまだ選択の余地はあるものの，インターネットコンテンツのなかでもとくに近年になって広まりつつあるものほど，「プッシュ型」の性格が強いものが目立つ。

　テレビ離れとモバイルシフトの進行，そして，同時に起きているインターネットにおけるプッシュ型コンテンツの拡大，これらの現象から導かれるのは，「テレビのようにインターネットにアクセスするユーザーの増大」という可能性である。

　人は，利用するメディアが変わったからといって急に商品に対する知識が増えたり，消費に対する態度が一変したりしない。むしろ増えすぎた情報の海のなかで，自ら情報を選び，探索することに対してストレスを感じることすらあるはずだ。そうした消費者の割合

が以前とさほど変わらず，それにもかかわらず利用メディアの変化が生じているとすれば，両者のギャップは「インターネットのテレビ化」によって埋め合わせられると考えられる。

　そのような前提に立てば，テレビのようにインターネットにアクセスする層と，スマートフォンを利用するマジョリティの間にも，一定の関係を認めることができるだろう。本章で述べてきたように，スマートフォン経由で閲覧されるソーシャル・メディアの視覚的な情報から影響を受ける消費者は，その対象に低関与であると考えられ，いわば主体的に情報を探索する動機に乏しいのであった。こうした消費者は，テレビの時代であればおそらく受動的な視聴者として，プッシュ型の情報を消費選択の材料にしていたのではないだろうか。

## ④ 結びにかえて

　あくまで仮説的な試論にとどまるが，本章で述べてきた「インスタ映え」消費のような視覚的情報と消費の結びつきは，インターネットがテレビと同様の情報探索手段になりつつあることを示唆している。この新しい消費現象は，同時に，私たちを取り巻くメディア環境に関する現象でもあるのだ。

---

●ディスカッションのために
1　どのようなときにスマートフォンを使い，どのようなときにパソコンを使って情報を検索しているのか。低関与・高関与というキーワードをふまえながらまとめてみよう。
2　ソーシャル・メディアの「いいね」をどのようなときに利用するのだろうか。自分がボタンを押すときと，自分が「いいね」を参照するときについて考えてみよう。
3　雑誌，ラジオ，テレビ，ネットについて，それぞれの「プル型」，「プッシュ型」的な利用方法について考えてみよう。

**【引用・参考文献】**

青木幸弘（1989）.「消費者関与の概念的整理──階層性と多様性の問題を中心として」『商学論究』*37*(1-4), 119–138.

青木幸弘（2012）.「情報処理のメカニズム」青木幸弘・新倉貴士・佐々木壮太郎・松下光司『消費者行動論──マーケティングとブランド構築への応用』有斐閣，pp.138–162.

総務省（2018a）.「平成 29 年 情報通信メディアの利用時間と情報行動に関する調査報告書」〈https://www.soumu.go.jp/main_content/000644168.pdf（最終確認日：2021 年 3 月 12 日）〉

総務省（2018b）.「平成 30 年版 情報通信白書」〈https://www.soumu.go.jp/johotsusintokei/whitepaper/ja/h30/pdf/index.html（最終確認日：2021 年 3 月 12 日）〉

新倉貴士（2005）.『消費者の認知世界──ブランドマーケティング・パースペクティブ』千倉書房

# 第3章

## ソーシャル・メディアと「関心の経済学」
### メッセージの制作から流通の時代へ
金暻和

　アルバイト店員が店の食材料や調理器具を持ってふざける写真をツイッターに投稿し，バイト先から解雇されたという報道を見たことがあるだろうか。インターネットは，普通の人びとによる情報発信を可能にしたことで賞賛を受ける。しかし，情報の質をめぐっては論争もある。とくにソーシャ

「いま」起きていることを見つけよう

Twitterをはじめよう

アカウント作成

ログイン

Twitter のログインページ *

ル・メディアでは，人びとの関心を集めるために脚色されたり，誇張されたりする情報が溢れ，発信者が社会的批判を浴びることがある。実際にソーシャル・メディアでは眉をひそめるような自己顕示欲が溢れる投稿にしばしば出会うのが現状である。この章では，インターネット表現に関わる社会心理を，メディア論的な観点から紐解く。

---

\* 出典：https://twitter.com/（最終確認日：2020 年 9 月 1 日）

# ❶ はじめに：「バカッター」は本当に馬鹿なのか ――

　「バカッター」という言葉を聞いたことがあるだろうか。ツイッター上に非行行為や悪いいたずらを投稿すること，あるいは，それを行う者を意味する。自分の問題行動を自ら公にする「馬鹿げた」行為という意味合いで「バカッター」とよばれるのだ。悪ふざけ程度で収まる場合もあるが，なかには軽犯罪にあたる行為もあり，実際にバイト先から解雇されたり，法律違反で処罰を受けたりするケースが報告されている。自らの社会的評判を落とし，自分に損を与える「バカッター」をなぜやるのか，常識的には理解しがたい。

　「バカッター」をする理由をめぐって，若者のモラル意識の低さやIT リテラシーの欠如が語られることも少なくない。「バカッター」は，一種の逸脱行動であり，それを行う人の判断能力に問題があるというものである。ところが，その説明だけではすっきりしない側面もある。「バカッター」をやれば，必ずといってよいほど，多数のリツイートがなされることになる。むろん，その場合のリツイート行為が必ずしも肯定的な意味を含んでいるとは限らない。むしろ小笑いや揶揄というやや否定的なニュアンスの方が強いかもしれない。そうであるとしても，やはりそのツイートが話題になり，注目を浴びることは事実だろう。話題になることを狙うという意味では，「バカッター」が効果的なのは否定できない。「バカッター」行為は，ソーシャル・メディア上で話題になることを狙った自己顕示欲の結果だという意見も説得力があるのだ。

　自己顕示欲そのものは，社会的害悪ではない。ある程度なら誰でもがもっているものといえるかもしれない。問題なのは，なぜソーシャル・メディアという空間では，自己顕示欲が増幅されやすいのか，という点である。すなわち，ソーシャル・メディアでしばしば触発される自己顕示欲の背後に，どのようなメディアの営みが働い

ているのかを問わなければならない。「バカッター」も，単に愚か
な者の逸脱行為としてみなすよりは，ソーシャル・メディアで頻発
しやすい一つの現象として問い直す必要があるということだ。

　ツイッターやインスタグラム，フェイスブックなどのソーシャ
ル・メディアは，現代の若者文化において絶対的な人気を博してい
る。ソーシャル・メディアは，ユーザーたちの自発的な表現活動に
よって成立する一方，「バカッター」をめぐる一連の騒動のように，
自己顕示欲として読み取れる不思議な欲望が発現しやすい空間でも
ある。本章の目的は，ソーシャル・メディアでの表現の社会心理的
なあり方を探りつつ，ネットワーク時代のメディア文化として位置
づけなおすことにある。

## ❷　ネット，素人も発信する時代へ ──────────

　21 世紀の初頭にUCC，あるいは，UGC という概念が一世を風靡
した。それぞれ「ユーザー・クリエイテッド・コンテンツ」（User
Created Contents），「ユーザー・ジェネレイテッド・コンテンツ」
（User Generated Contents）を略したもので，プロではなく素人が制
作し，インターネット上で発信する情報の総称である（双方ともに
ほぼ同じ意味であるため，以下では「UCC」に統一して議論を展開する）。
一般の人びとも情報発信できる環境を作りあげたインターネットを
背景に，いわば「参加型文化」（Jenkins, 2006）の中核として注目を
集めた概念である。

　UCC が話題になった背後には，2000 年代初頭に斬新な感覚と娯
楽性を兼備した新しいコンテンツがインターネットから次々と現れ
た，という事実がある。たとえば，インターネット掲示板「2 ちゃ
んねる」に連載されていたオタクのラブストーリーが『電車男』と
題され，漫画，テレビ，映画，芝居などのさまざまなジャンルで展

開されヒットした。さらに 2000 年代半ばには，無名だったあるユーザーが携帯電話向けのプラットフォームに連載した『恋空』という物語が若年層女性を中心に人気を集めた。既存の文壇からは厳しい批判を受けたにもかかわらず，「ケータイ小説」という新しいジャンルを定着させる契機となった。マスコミより一方的に制作，流通される社会情報の一方向性が，インターネットやUCC によって解消されるかもしれないという期待が膨らんだ。

しかし他方で，UCC への懸念も浮上した。メディア制作のプロとして訓練された送り手とは違って，インターネット上の発信者はその大半が素人であり，しかも匿名で発信を行うことも多い。そのためか，実際にインターネット経由でデマや嘘が無責任に拡散され，社会的に物議をかもすことがある。前節で言及した「バカッター騒動」も，UCC をめぐるこうした言説の延長線では，匿名のユーザーたちによる無責任な行動として位置づけられる。

## ③ UCC から UDC へ

2010 年を前後に，ツイッターやフェイスブック，インスタグラムなどのソーシャル・メディアがインターネット発信の主流の場になった。ソーシャル・メディアには，インターネット掲示板やオンライン・コミュニティーに代表される従来のプラットフォームとは決定的に異なる特徴があった。インターネット掲示板ではトピックやキーワードによって情報が分類，羅列されていた。検索キーワードや掲示板のテーマなど，明示的なキーワードが，散在する情報をオーガナイズする基準であった。それに対してソーシャル・メディアでは，ユーザーによって情報源を選択することができ，情報の取捨選択に個人の嗜好や判断が介入する余地が広がった。どんな情報源とつながっているのかというネットワーキングによって，情報が

オーガナイズされるのである。

　さらに，ソーシャル・メディアでは，コンテンツを速やかに拡散させる独特な仕組みが働いている。各々のコンテンツに対して受け手側の反応を積極的に可視化することが可能である，というものである。たとえばツイッターでは「リツイート」をすることで，自分が気になったツイートをフォロワーたちに拡散できる。「いいね」ボタンや「共有する」機能なども他者への拡散に少なからぬ影響を及ぼす。すなわち，ソーシャル・メディアでは多くの人びとの注目を集めたり，共感を獲得した情報は速くかつ広く拡散するのである。膨大な人的ネットワークを確保している政治家や芸能人，インフルエンサーの場合は，マスコミを介さずとも即時に社会的話題を作りあげることができるようになった。

　こうした展開を背景として，近年ではUDCという概念が浮上しつつある。UDCとは「ユーザー・ディストリビューテッド・コンテンツ」（User Distributed Contents）の略で，「利用者によって流布されるコンテンツ」を意味する。先述したようにソーシャル・メディアでは，他のユーザーから注目や共感を得たコンテンツ，具体的にいえば，たくさんのリアクション（たとえばリツイートやシェア）を獲得したコンテンツがより社会的な影響力をもつ。言い換えれば，これは情報の生産・制作以上に，情報の拡散という文脈が重要になってきた。UDCとは，そうした側面に着目した概念であるといえよう。

　2016年，ある芸人が自作し，動画共有サイトにアップロードした一本の動画が世界で一躍有名になった。「ペンパイナッポーアッポーペン」（以下，PPAP）という不思議なタイトルのこの動画は，偶然，カナダのポップ・スターであるジャスティン・ビーバーの目にとまり，それが彼のツイッターで共有されたことをきっかけとして一気に拡散された。ビーバーには1億を超えるフォロワーが

おり，ツイッターにおいても多大な影響力をもつ超大物有名人である。PPAP 動画は，そこから数えきれないほどのリツイートを獲得し，あっという間に世界的な話題となった。誰でも真似したくなるような簡単で面白い振り付けも人気の理由であるのはいうまでもないが，しかし，ビーバーの投稿がなかったら，ここまでの世界的認知度を獲得することはできなかったはずであろう。UDC のパワーを実感させられる事例である。

　ソーシャル・メディアの普及とともに，情報を拡散させる行為は以前よりも重要性を増している。新しいコンテンツを制作する行為以上に，コンテンツを拡散させる行為の社会的役割が大きくなったともいえよう。ところで，そのような傾向が強まっている背景には，あまりにも多くの情報があふれている，という昨今のインターネット事情も介在している。

## ④ フィルターバブルが必要な事情

　最近，「フィルターバブル」（Pariser, 2011）という概念を耳にする機会が増えた。個人の嗜好や利用傾向に合わせてパーソナライズした情報を提供するインターネット技術の精度が上がった結果，一人ひとりの嗜好や需要にぴったり合わせた情報ばかりが提供される。まるで「バブル」の中に包まれて生活するような情報環境だということで，「フィルターバブル」と命名された。グーグルの検索結果やフェイスブックで表示される広告，アマゾンで勧められる商品目録などは，こうしたフィルターが直接的に働いた結果である。すべてのユーザーに同じ情報が提示されるわけではなく，検索，閲覧，購入履歴を精緻に分析した末，各ユーザーが望んでいると予測できる個人向けの情報のみが表示される。ネット企業側からみれば，広告や商品を売るためのマーケティング・ツールである一方，ユーザ

一側からみれば，好みに合わせて薦められる情報を拒む理由はない。

　他方では，ユーザーの利便性をあげるという理由により，膨大な個人情報が収集される事態を心配する声もある。さらに，フィルターバブルの存在感がこのまま増してゆくと，開放的なプラットフォームとしてのインターネットの価値が毀損されるのではないか，との懸念も提起されている。フィルターバブルが日常化すれば，インターネットとはもはや開かれた空間ではなく，パーソナライズされた小さな世界に個々が閉じこもる，断絶された世界へと変容することになる。つまり，当初の段階でインターネットが夢みた「開放と共有の価値」とは相反する帰結がもたらされるのだ。

　しかし現状では，フィルター自体がなくなることは期待しにくい。まず，インターネットへの入口となる検索エンジンをしっかりコントロールしている大手ネット企業にとって，それは非常に効率的なマーケティング手段であるため，それを簡単に手放すことは考えられない。さらに，ユーザー側からみてもインターネット上に無限に広がる情報から，必要なもの，ほしいものを釣り上げるためには，フィルターはずいぶん有用な手段なのだ。前節で紹介したUDCという概念も，実はソーシャル・メディアで流布される大量の情報から信頼できるものを選別する手段が重要になってきた現状を反映している。他人による拡散やアルゴリズムによるフィルターの助けを必要とするほどに，インターネットの情報量が膨らんできたのだ。

　情報が多いことは，ユーザー側にとって必ずしも良いことではない。情報をとらえる人間の認知能力に限度があるからである。イギリスの人類学者であるダンバーは，霊長類の脳のサイズと社会的関係の範囲の相関関係を調査したうえで，霊長類には種によってそれぞれ安定的かつ有意味に保てる社会関係の大きさがあると主張した。さらに人間にとって，その大きさは平均150名程度だと推定されるという研究結果も発表されている（Dunbar, 1993）。この数値は研究

者のあいだでしばしば膾炙され「ダンバー数」とも命名された。複雑で相対的なはずの社会関係を，脳の大きさという一元的な要因では枠づけるのは適切ではないという批判もあり，150という数値をめぐってもさまざまな反論があった。

　しかしながら，「ダンバー数」の主張は示唆的である。ソーシャル・メディアにおいては好きなだけネットワークの輪を拡張できるかもしれないが，それを介して数千，数万ものつながりができたとしても，すべてが有意味な友達といえるわけではない。その数がある一線を超えたら，全員と有意味なやりとりを続けることは不可能である。すなわち，有意味な知人を無限に増やすことができないように，ユーザー側が活用できるインターネット上の情報量にも限度がある。インターネットのあり方は，テクノロジーの仕様のみならず，ユーザー側の事情によっても枠づけられるのである。

## 5 「関心の経済学」（economy of attention）

　アメリカの経営学者，ピーター・ドラッカー（1969）が提唱した「知識経済 knowledge economy」という概念は，技術の進歩に伴って，知識・情報の社会的価値が増加したことに着目している。伝統的社会においては，財貨と労働基盤であることに対して，技術社会においては，テクノロジーに関する最新の情報や高度な知識こそ新しい価値を生み出す。たとえば米アップル社は，大型メインフレーム・コンピュータが主流だった1970年代に，個人向けのコンピュータを開発してPC市場を新たに開拓した。さらに携帯電話が広く普及していた2000年代終盤には，iPhoneと命名された革新的なモバイル・デバイスを開発してスマートフォン時代を開いた。アップル社を世界で最も成功した企業にしたのは，高い資金力や労働力ではなく，最新技術についての洞察と市場を先読みする能力だった。

このように，知識や情報のような無形の資源が資金や労働力といっ
た伝統的な資源よりも経済活動の中核になった現代のあり方を，ド
ラッカーは「知識経済」という概念を通じて説明したのである。

　一見すると「情報の海」ともいえるインターネットは，知識経済
がしっかり機能する場のようにみえるかもしれない。しかし，本当
にそうだろうか。インターネットでは，検索キーワードを入れるだ
けであっという間に数百件，数千件の関連情報を集めることができ
る。ソーシャル・メディアでは世の中のあらゆるニュースや出来事
がリアルタイムで流れている。知識経済では第一に重要な希少財と
される「情報」や「知識」があまりにもありふれていて，むしろ人
びとがそれに飽きてしまうのだ。

　もちろん，インターネット上の情報には嘘やデマなど，質や信頼
性が低いものも混ざっている。しかしその一方で，インターネット
では，全世界に存在する無数の発信源からのメッセージはもちろん，
書籍や論文などの専門情報，音声や動画のようなマルチメディア・
コンテンツ，国や団体に関する公共情報など，以前はめったに入手
できなかったような多種多様な情報が常に漂っている，ということ
も事実であろう。

　こうした事態を受けて，メディア生態学者のR・ランハムは，イ
ンターネットでは知識経済の前提が逆転していると述べた。すなわ
ち，ネットで希少性があるのは，知識や情報ではなく，むしろ情報
に注がれる人びとの関心のほうなのだと主張したのである。インタ
ーネットの最大の長所は，誰でも気軽に表現活動ができる点とされ
る。実際にいまや多くの人びとが掲示板に書き込みをしたり，ソー
シャル・メディアに投稿したりしており，最近は自作動画をアップ
ロードすることも決して珍しくない。その結果，インターネットに
は常に無数の発信源からの情報が流れ込んでおり，情報が少ないど
ころか，むしろありすぎる情報のなかから価値のあるもの，必要な

ものを発見することこそ苦痛になった。

　こうした情報環境のなかでは，最小限の努力で最大限の関心を引くことができるさまざまな方法が常に模索される。ランハムは，このように関心を集めることで最大限の価値が生み出されるインターネットの営みを「関心の経済学 economics of attention」として名づけた（Lanham, 2006）。言い換えれば，情報が量的に膨張するのにつれて人びとの関心もどんどん分散されていくインターネット環境では，人びとの関心を引くことで価値を生み出すことができるということである。多くのフォロワーをもつことで商業的にも成功を収めるインフルエンサー，視聴者を多数確保することで収益を得るユーチューバーなどが，人びとの関心を集めることで価値を生み出した典型的な例である。

　インターネットでは類似する情報がたくさん存在するため，より感覚的，よりセンセーショナルな情報が人びとの関心を集めるのには有利となる。すなわち，「関心の経済学」の視点からは，このような情報は，効率よく人びとの関心を引けるという意味では経済的行動として評価することができる。

## ❻ 「関心の経済学」が働くソーシャル・メディア ──

　ソーシャル・メディアは，「関心の経済学」が最も有効に作動している場であろう。いまやソーシャル・メディアは絶えずニュースや出来事が流れる情報源としての役割をしっかりと果たしている。タイムラインに次々と現れた情報は，時間の流れとともに速やかに消えてゆく。情報プラットフォームとしては，じっくり吟味するというよりは，ざっくりチェックするという行為により有利な構造である。情報が常に流れてゆくために，ソーシャル・メディアで人びとの注意や関心を引くのは難しい。そこでは人びとの関心こそが希

少財であり，情報の魅せ方こそ重要であるという「関心の経済学」
の営みにぴったり当てはまるのだ。

　ソーシャル・メディアで頻繁に取りざたされる「バカッター騒
動」や自己顕示欲の露呈も，「関心の経済学」の営みに当てはめれ
ば腑に落ちる。本来は恥ずべき自らの迷惑行為や犯罪行為を暴露す
るバカッターや，高額のファッションやモノを身につけて「自慢」
する行動は，世間的には良い評価を受けない。ところが，「関心の
経済学」のなかでは効果的といえる。馬鹿な行為を記録したツイー
トで多くのリツイートを得ることもできるし，自慢をするツイート
で白眼視されたとしても，人びとの注意を確かに集められる。人び
との注意を引き，反応を獲得するという意味では，成功であるとい
える。

　むろん「関心の経済学」という働きそのものが，「バカッター」
や自己顕示欲の強い投稿を正当化するわけではない。やはり「バカ
ッター」は社会的批判を受けるだろうし，自己顕示欲のあふれるツ
イートには冷ややかな視線が浴びせられるだろう。ところが，その
ような行動もそれなりの合理的，経済的思考にもとづいているとい
うふうに再評価することも可能ということである。「バカッター」
はやや極端な事例だったかもしれないが，ソーシャル・メディアで
表現を行う場合，投稿内容を面白く脚色したり，できるかぎり多く
のフォロワーへと達するように投稿時間を選んだりすることもある
だろう。そうした実践の背後にも，情報の魅せ方を気にしてしまう，
「関心の経済学」が働いているといえる。

# 7　結びにかえて：
## ソーシャル・メディアと新しい枠組み ──────

　私たちが直面している新しいメディア環境は，過去のマスメディアのイメージを踏襲しながらも，いままでとはまったく違う表現実践を生み出しつつある。ソーシャル・メディアは，そうした新しい表現実践を理解するうえで最も重要なプラットフォームの一つであるに違いない。本章で紹介したUDCや「関心の経済学」といった枠組みは，ソーシャル・メディアの仕組みとの関連のなかで表現実践のあり方をとらえるのに役に立つ。急速に変容するメディア環境は，コミュニケーション行動や表現実践の社会的意味を変えるだけでなく，そのコミュニケーション行動に関わる社会心理にも変化を与えている。今後も，新しいメディア環境と共鳴する表現実践が，どのように相互作用しながら新しいメディア文化を生み出すのか，慎重に注視する必要がある。

---

●ディスカッションのために
1　本章の記述をもとにして，UDCや関心の経済学についてまとめてみよう。ソーシャル・メディアあり方を理解するのに役立つこれらの枠組みは，いかなる点において従来のメディア実践文化とは異なっているのか。
2　インターネットは開放と共有を促進するのか，断絶された世界を作り出すのか？「フィルターバブル」に関する本章の記述に依拠して考えてみよう。
3　バカッターと考えられる行為の実例をあげ，その行為が誰の関心を喚起していたのかを考えてみよう。

**【引用・参考文献】**

Drucker, P. F.（1969）. *The age of discontinuity: Guidelines to our changing society*. New York: Harper & Row.（ドラッカー, P. F. ／林雄二郎［訳］（1969）.『断絶の時代——来たるべき知識社会の構想』ダイヤモンド社）

Dunbar, R. I. M.（1993）. Coevolution of neocortical size, group size and language in humans, *Behavioral and Brain Sciences*, *16*(4), 681–735.

Jenkins, H.（2006）. *Convergence culture: Where old and new media collide*. New York: New York University Press.

Lanham, R. A.（2006）. *The economics of attention: Style and substance in the age of information*. Chicago: The University of Chicago Press.

Pariser, E.（2011）. *The filter bubble: What the internet is hiding from you*. New York: Penguin Press.（パリサー, E. ／井口耕二［訳］（2012）.『閉じこもるインターネット——グーグル・パーソナライズ・民主主義』早川書房）

# 第4章

# フォトジェニック・イスラーム
# が開示する神の真理

## デジタル空間におけるイスラーム的
## コミュニケーションの宗教的真正性

### 安田 慎

インターネットやスマートフォンに
みられるデジタル・デバイスの普及は,
世界各地の人びとのコミュニケーショ
ンのあり方を大きく変えてきた。それ
は宗教においても同様である。デジタ
ル空間ではイスラーム関連の宗教的コ
ンテンツが大量に流通し,その内容も
極めて多様性に富んだものとなってい
る。とくに「フォトジェニック・イスラ
ーム」と命名できるような,人びとが自
ら写した画像・映像を介して展開する
デジタル空間上のコミュニケーション

**フォトジェニック・
イスラームの一例 \***

の流行は,地理的・時間的制約を超えたムスリム同士の多様なつなが
りを生み出すと同時に,さまざまな軋轢も引き起こしてきた。

しかし,この「フォトジェニック・イスラーム」とよばれる現象
が,なぜここまで世界的な流行をみせるのか。これをデジタル空間
の浸透によるイスラーム的価値の減退と捉えるべきなのか。それと
も,新たな宗教性の発露として捉えるべきなのか。本章ではその内
実に迫っていきたい。

---

\* 出典 URL：https://www.arabnews.com/islam-perspective/news/637771（最終確認日：2021 年 2 月 13 日）

# 1 はじめに

## ❖デジタル空間のなかで表象されるモビリティ経験

デジタルカメラやスマートフォン，SNS（ソーシャル・ネットワーク・サービス）をはじめとする映像技術や情報技術の発展は，社会を大きく変容させる原動力となってきた。自分の旅行や観光，日常におけるさまざまなモビリティ経験をデジタル空間上のコミュニケーションのツールとして利用することは，もはや日常生活のなかで当然のように組み込まれている。とくにSNSを中心に展開される「インスタ映え」や「フォトジェニック」とよばれる実践の流行は，画像・映像がただ単にある場面を記録・保存するという意味を大きく超えた社会的実践となっている点を示す（Larsen & Sandbye, 2014）。それゆえに，この「デジタル空間」（あるいは，「サイバー・スペース」）の構築が人びとのコミュニケーションを問い直す契機となっている点を否定する人はいないだろう。

## ❖デジタル空間のなかの「フォトジェニック・イスラーム」

イスラーム諸国においても，スマートフォンの価格やデータ通信にかかる料金が軽減されていくなかで，デジタル空間が大衆化し，日常生活のなかに組み込まれてきた。地域や社会的階層による普及度の差異はありつつも（保坂, 2014），デジタル空間を利用することはもはや日常の一部となっている。そのなかで，かれらの日常生活のなかの多様なモビリティ経験もまた，デジタル空間上で表現されていく。SNSを通じて目にするムスリム（イスラーム教徒）たちのモビリティ経験の数々が，それを示す証左として考えられる。

そのなかでもイスラーム諸国特有の現象を示すとすれば，「フォトジェニック・イスラーム」と命名できるような，画像・映像を用いてデジタル空間上に宗教的コンテンツを生産・消費させていく現

**図 4-1　現代のマッカにおける状況を象徴する光景**
（Amr Abdullah Dalsh による撮影）[1]

象をあげることができる。それはたとえば，世界各地に点在するモスクや聖廟をはじめとする宗教景観や，ラマダーン（断食）月のイフタール（断食明けの食事）や犠牲祭をはじめとする，一連の宗教行事や宗教的日常を映像的に切り取ったものである。これらのイスラーム的コンテンツたちが人びとの反応を引き出し，さまざまなコミュニケーションを生み出している点がみてとれる。

　しかし，デジタル空間上での新たなコミュニケーションのあり方は，イスラーム諸国で多くの議論も引き起こしてきた。とくに同じ時間・空間の共有による対面的なコミュニケーションを重視するイスラームの考えでは，デジタル空間における時間・空間を共有しない非対面的なコミュニケーションは，ある種の戸惑いを生み出してきたともいえる。それを示すものとして，聖地におけるセルフィーをめぐる問題や（安田, 2016），SNS を通じた西洋的価値観の流入に対するイスラーム法学者たちによる否定的見解の数々があげられる（安田, 2018）。これらの一連の批判は，対面的なコミュニケーションの重要度が下がっていくことで，これまで保持してきたイスラーム的価値観が個人や社会のなかから減退していくことに対する危機

1）出典 URL〈https://on.rt.com/74jihf（最終確認日：2021 年 2 月 13 日）〉

感の裏返しともいえる。しかし，批判を展開している一部のイスラーム法学者たちもまた，SNSをはじめとするデジタル空間での情報発信や非対面的なコミュニケーションに積極的な点は，イスラームや宗教がデジタル空間と切っても切れない関係になっていることを示す。

このデジタル空間におけるイスラーム的コンテンツの広がりをめぐる議論は，メディア環境を通じたイスラーム社会の変容を示す一例として，地域を超えて取り上げられてきた（八木, 2011; 保坂, 2014; 見市, 2014）。これらの研究の多くが，特定の個人や組織に焦点をあて，かれらのメッセージがいかに大衆に広がるのかという，従来のマス・メディア研究の成果に基盤を置いた図式を描き出してきた。それに対して保坂修司は，デジタル空間におけるコミュニケーションは，従来のメディア研究の想定してきた図式では必ずしも描き出せない状況を生み出している点を指摘する（保坂, 2014）。

そこで本章では，デジタル空間におけるフォトジェニック・イスラームの生み出すコミュニケーションについて議論していきたい。その際，現実空間における多様なコミュニケーションが存在するにもかかわらず，人びとがデジタル空間上の視覚的な表現を通じたコミュニケーションを希求し，受容していく背景についても探っていきたい。

## ❷ ダブル・コンティンジェンシーが誘発するコミュニケーション／ネットワーク／コミュニティ

### ✛デジタル化のなかのダブル・コンティンジェンシー

インターネットやデジタル・デバイスの大衆化にともなうデジタル化の動きをいかに捉えればよいのか。この点についてデジタル化を論じる研究者たちは，コミュニケーションに焦点を置いて議論を

展開してきた。

　人びとの日常生活のなかに浸透するデジタル空間をめぐっては，コミュニケーション実践の変容という観点から，大別すると二つの議論の潮流が認められる。そのうち一つは，コミュニケーションの断片化・個別化を論じるものであり（鈴木, 2007, 2013; 前納・岩佐・内田, 2012; 土橋・南田・辻, 2017），もう一つは機械的なアルゴリズムやアーキテクチュアによって，コミュニケーションが機械的に規定されていくという視点である（松本, 2018; 森, 2018）。前者ではデジタル空間上でのコミュニケーションにおいて，個人が「見たいものしか見ない」という傾向が強化され，コミュニケーションが細分化されていく点が強調されるのに対して，後者では機械によって生み出される環境において，受動的な画一化の傾向が強まっていく点が強調される。

　いずれの議論も，デジタル空間が現実世界における社会規範が通じない高い不確実性や偶有性を保持し，社会システム論でいうところの「ダブル・コンティンジェンシー（二重の不確実性）」とよばれるコミュニケーションにおけるジレンマを生み出してきた点を指摘する（春日, 2005）。デジタル空間では容易に空間・時間を飛び越えてしまうがゆえに，既存の社会規範や制約が通用しない。そのため，相手の行動を予測することができないために自分の行動も決定できず，コミュニケーションが成立しなくなる状況が生み出される，という図式である。さらに，このデジタル空間におけるダブル・コンティンジェンシーが，デジタル化の動きのなかで現実空間にも浸透し，現実空間における既存のコミュニケーション実践の不確実性や偶有性をも高めていく。その結果，既存の社会的ネットワークやコミュニティが分断される，あるいは機械的なアルゴリズムに依存する状況が生み出されていくと理解されうるのである。

## ❖ルーマンとダブル・コンティンジェンシー／社会システム

　前節での議論をふまえると，デジタル化をめぐる研究では，ダブル・コンティンジェンシーによって現実空間の社会システムや，そのなかでの人間の主体性が弱体化していく点が強調されてきた。しかし，このダブル・コンティンジェンシーこそがコミュニケーションを積極的に誘発し，新たな社会システムや秩序を構築していくと指摘する議論も存在する。この点について，本章ではニクラス・ルーマン（N. Luhmann）の社会システムに関する議論を概観しながら考察を展開していきたい（ルーマン, 1993–1995, 1999, 2016; 春日, 2005）。

　ルーマンによる社会システム論の要諦を単純化していえば，「コミュニケーションを通じた世界の複雑性の縮減」という機能に集約できる。人間は周囲に広がるヒトやモノといった環境とのコミュニケーションを通じて，一定の秩序立った「システム」を創り出し，自分の行動に際しての不確実性や偶有性を軽減させて自律させていこうとする。その際，ダブル・コンティンジェンシーを排除するために，規範やルール，価値観といった，コミュニケーションを規定する様式や形式を希求する（春日, 2005）。むしろそこでは，ダブル・コンティンジェンシーが認識されるからこそ，それを避けるために人びととはコミュニケーションを行い，そのなかで互いにコンセンサスを構築して相互行為や社会システムを構築していく。その点，春日淳一が社会システム論をめぐる議論を整理して主張するように，「ダブル・コンティンジェンシーを相互行為ひいては社会システムの生成を妨げるいわば厄介者（＝解決されるべき問題）ととらえているが，逆にダブ

**図4-2　ニクラス・ルーマン
『社会システム論』（1984 年）**

ル・コンティンジェンシーがあるからこそ，相互行為が起動し，社会システムが生成されるのだ」（春日, 2005: 448）。

　以上のように捉えると，ダブル・コンティンジェンシーを継続的に生み出しているデジタル空間こそが，逆説的に人びとのコミュニケーションを喚起し続け，新たな社会システムや規範を再帰的に想起する源泉となっていく，と論じることも可能である。

## ③　ダブル・コンティンジェンシーのなかでの　　フォトジェニック・イスラーム

### ❖フォトジェニック・イスラームが開示する神の意志と真理・真実

　ニクラス・ルーマンによる社会システム論のなかのコミュニケーション機能に着目するのであれば，フォトジェニック・イスラームもまた，ダブル・コンティンジェンシーを増大させ，コミュニケーションを生み出していくと捉えられる。それでは，フォトジェニック・イスラームを通じて想起されるコミュニケーションは，いかなるイスラーム的価値観を生み出していくのか。

　イスラーム的価値観にもとづいたコミュニケーションを考える際，イスラーム的作法やしきたりをまとめた「アダブ（adab）」とよばれる領域が参照軸となる。このアダブとよばれるイスラーム的作法では，人びととのコミュニケーションを通じて「イルム（'ilm）」とよばれるイスラーム的知識の交換・蓄積をすることを，話題やテーマを変えながら強く推奨する。その背後には，イスラーム的知識の獲得を通じて，現実世界の背後に存在するアッラー（神）の徴（āyāt）や天命（qadar）を知覚することで，アッラーの真理（ḥaqq）や真実（ḥaqīqa）に近づくことができるという考えが横たわる（Izutsu, 1964）。とくにイスラームの開祖であり，最後の預言者とよばれたムハンマド亡き時代において，アッラーの意志は世界各

地に配置されたアッラーの徴を通じて人びとに知らされる。それゆえ，イスラーム的知識を個人や社会が獲得する方法として，さまざまな形式のコミュニケーションを喚起することが重要である点をことさらに強調する。

　このコミュニケーションの推進に際して，アダブの著作家たちは，旅行における見知らぬ環境において高まる不確実性や偶有性の存在が，逆にアッラーの真理や真実に近づく可能性を秘めている点を示す。旅行におけるホストとゲストの諸作法を記した「サファル論（旅行論）」や「ディヤーファ論（歓待論）」のなかでも，旅行中のさまざまな人びととのコミュニケーションを通じてこそ，イスラーム的知識が獲得できる点を強調する（Al-Ghazali, 2000, 2015）。むしろ，不確実性や偶有性が増す旅行下の環境で，自らアッラーの意志を探り，真理・真実を探求しようとすることこそが，アッラーの与えた試練であり，人間が乗り越えるべき課題として捉えることもできる。その点，一連の議論は社会システム論がいうところの「ダブル・コンティンジェンシー」の議論とも重なる。

## ❖デジタル空間のなかのコミュニケーションとイスラーム的知識

　デジタル空間におけるフォトジェニック・イスラームもまた，現実空間からデジタル空間に舞台を移しながらも，コミュニケーションという観点から考えると，その基本的な役割は変わっていない。むしろ，既存のさまざまな規範や制約がなくなり，不確実性や偶有性が高まる環境のなかでコミュニケーションを促進していくことが，イスラーム的知識を増やすだけでなく，アッラーの意志を確認し，真理・真実を探っていく基盤となっていくのである。その点，デジタル空間上のイスラーム的コミュニケーションは，一見すると無秩序に展開されているようにみえるが，実は高度に自分や相手のイスラーム的知識を試す場として機能している，と捉えられる。

　実際，イスラーム的知識の濃淡が，フォトジェニック・イスラームのコンテンツにも強く影響を及ぼしていると考えられる。フォトジェニック・イスラームのなかで流通する画像・映像の一部では，誰もがイスラーム的に正統なものと認めるカアバ聖殿やモスク，聖廟が題材に取り上げられることが多い。しかしこれは逆に，自らのイスラーム的知識の浅さの裏返しとして，あたりさわりのないものが選びとられているとも捉えられる。逆に，自らのイスラーム的知識の深さに確信をもつ者は，他者とは異なる画像・映像を選別・流通させながらも，自らのイスラーム的経験の正当性を主張し，周囲もその見識の深さに対して賞賛を送ることになる。

　このコミュニケーションのなかでの選別機能が働くなかで，無秩序に展開されているようにみえるデジタル空間上のイスラーム的コンテンツたちが関連づけられ，一定の集積がなされていく。その結果，従来は暗黙的に共有されてきたイスラーム的知識の深さを示す「階梯（maqām）」が，デジタル空間上のコンテンツの集積度合によって可視化される状況が生み出されていく。その結果，さらなる上の階梯を目指して，イスラーム化に向かうような競争原理が社会のなかで働くようになっているようにもみえるとともに，デジタル空間上におけるコミュニケーションが社会のなかでも一定の信認を得るに至っていると考えることができる。

　それゆえに，コミュニケーションを通じて達成されるイスラーム的コンテンツの集積こそが，イスラーム的知識が開示するアッラーの真理・真実の一端を示すものとして捉えられる。その点で，デジタル空間が想起するコミュニケーションが，ダブル・コンティンジェンシーを通じて宗教的知識や規範を強化していく，という逆説的な環境が構築されていくと考えることができる。

## 4 結びにかえて

　本章では，デジタル空間におけるフォトジェニック・イスラームの生み出すコミュニケーションについて議論してきた。最後にこれまでの議論をまとめておきたい。

　フォトジェニック・イスラームに代表されるデジタル空間における実践では，地理的・時間的・言語的なものをはじめとするさまざまな規範や制約が無化され，多様性に富んだイスラーム的コンテンツが流通してきた。これは従来，不確実性や偶有性が高まり，コミュニケーションの個別化・断片化が促進されていく証左として捉えられてきた。しかし，イスラーム的価値観にもとづいた社会的ネットワークやコミュニケーションを衰退させていくと考えられてきたこのデジタル空間が，逆に，人びとのコミュニケーションを促進するだけでなく，世界各地のムスリムやイスラーム社会のさらなる参画を促してきた点をみてとることもできる。

　この点をルーマンの社会システム論を参照しながら考えると，ダブル・コンティンジェンシーによるコミュニケーションの不確実性や偶有性が高まることで，逆にコミュニケーションや相互行為が喚起され，新たな社会システムや規範を構築する契機となっているといえる。実際，イスラームではその思想的にもダブル・コンティンジェンシーをあえて促進することで，よりアッラーの真理・真実に近づこうとする方向性がみられ，デジタル空間上のフォトジェニック・イスラームが，イスラーム的知識を獲得するためのコミュニケーション実践として機能している点を示した。そのうえで，これらのコミュニケーション実践がイスラーム的知識の集積と可視化を促し，社会のなかでのイスラーム的価値観の深化を強く促すようになっている点を確認した。

　以上より，イスラームにおけるデジタル空間上のコミュニケーシ

ョンは，ダブル・コンティンジェンシーを通じてイスラーム的知識を獲得するとともに，アッラーの真理・真実を個人や社会が認知する行為として重視されているといえる。情報化社会のなかで現実空間におけるダブル・コンティンジェンシーが減退していった結果，デジタル空間こそがイスラーム的知識の獲得に必要なコミュニケーションのダブル・コンティンジェンシーを継続的に生み出す環境である，と人びとが認識するようになる。それゆえに，一見するとイスラーム的な個人や社会を破壊するものとして捉えられがちであったフォトジェニック・イスラームに，人びとが積極的に関与を強めていくという逆説的な状況が生み出されるのだと捉えられる。むしろ，デジタル空間のイスラーム的コンテンツを通じたコミュニケーションこそが，現代社会におけるイスラーム的知識の深化と序列化を促進し，アッラーの提示する真理・真実を開示していく，と結論づけることができる。

●ディスカッションのために
1　フォトジェニック・イスラームという実践はどのようにしてアッラーの示す真理の一端を開示するのか，本章を記述をまとめ，考えてみよう。
2　ダブル・コンティンジェンシーによって，コミュニケーションはどのように断片化・個別化，機械化される一方で，新たなシステムや規範を想起する源泉になるのか？
3　デジタル空間はいかにして世界各地でのコミュニケーションを促進し，人びとの参画を促すのだろうか？　身近な事例を用いて考えてみよう。

**【引用・参考文献】**

春日淳一（2005）．「ダブル・コンティンジェンシーについて」『関西大学経

済論集』55(3), 445–455.

鈴木謙介 (2007).『ウェブ社会の思想──〈遍在する私〉をどう生きるか』
　　NHK出版

鈴木謙介 (2013).『ウェブ社会のゆくえ──〈多孔化〉した現実のなかで』
　　NHK出版

土橋臣吾・南田勝也・辻　泉 [編著] (2017).『デジタルメディアの社会学
　　──問題を発見し, 可能性を探る』北樹出版

保坂修司 (2014).『サイバー・イスラーム──越境する公共圏』山川出版社

前納弘武・岩佐淳一・内田康人 [編著] (2012).『変わりゆくコミュニケー
　　ション　薄れゆくコミュニティ──メディアと情報化の現在』ミネルヴ
　　ァ書房

松本健太郎 (2018).「都市空間におけるモビリティとセキュリティ──ポケ
　　モンGOに随伴する移動と「統語論的関係の優位化」」『観光学評論』6(1),
　　109–116.

見市　建 (2014).『新興大国インドネシアの宗教市場と政治』NTT出版

森　正人 (2018).「スマートなるものと確率化される現実社会──人と物の
　　デジタル的管理への批判的視角のために」『観光学評論』6(1), 53–67.

八木久美子 (2011).『グローバル化とイスラム──エジプトの「俗人」説教
　　師たち』世界思想社

安田　慎 (2016).「セルフィーが生み出す景観──マッカ巡礼における宗教
　　景観論争と共有のパフォーマンス」河合洋尚 [編]『景観人類学──身
　　体・政治・マテリアリティ』時潮社, pp.147–165.

安田　慎 (2018).「資源化される宗教感覚, 資源化を飼い慣らす宗教感覚─
　　─ポケモンGOをめぐるイスラーム的批判からの考察」神田孝治・遠藤
　　英樹・松本健太郎 [編]『ポケモンGOからの問い──拡張される世界
　　のリアリティ』新曜社, pp.162–172.

ルーマン, N.／佐藤　勉 [監訳] (1993–1995).『社会システム理論 (上・下)』
　　恒星社厚生閣 (Luhmann, N. (1984). *Soziale Systeme: Grundriß einer
　　allgemeinen Theorie*. Frankfurt am Main: Suhrkamp.)

ルーマン, N.／土方　昭・三瓶憲彦 [訳] (1999).『新版　宗教社会学─
　　─宗教の機能』新泉社 (Luhmann, N. (1977). *Funktion der Religion*.
　　Frankfrut am Main: Suhrkamp.)

ルーマン, N.／土方　透・森川剛光・渡會知子・畠中茉莉子 [訳] (2016).
　　『社会の宗教』法政大学出版局 (Luhmann, N. (2000). *Die Religion der
　　Gesellschaft*. Frankfurt am Main: Suhrkamp.)

Al-Ghazali, A. H.／Johnson-Davies, D. (trans.) (2000). *Al-Ghazālī on the
　　manners relating to eating: Kitāb ādāb al-akl* (*Book XI of the revival of*

　　*the religious sciences*（*iḥyāʾ ʿulūm al-dīn*）). Cambridge: The Islamic Texts Society.

Al-Ghazali, A. H.／Librande, L.（trans.）（2015）. *Al-Ghazālī on conduct in travel: Kitāb ādāb al-safar*（*Book XVII of the revival of the religious sciences*（*iḥyāʾ ʿulūm al-dīn*）). Cambridge: The Islamic Texts Society.

Izutsu, T.（1964）. *God and man in the Koran: Semantics of the Koranic Weltanschauung.* Tokyo: Keio University Press.

Larsen, J., & Sandbye, M.（eds.）（2014）. *Digital snaps: The new face of photography.* London: I. B. Tauris.

## 第Ⅱ部 「共同性」と「パフォーマンス」から考えるメッセージ産出

　第Ⅱ部では「「共同性」と「パフォーマンス」から考えるメッセージ産出」とのタイトルのもとで，とくに現代社会における「共同性」および「パフォーマンス」に注目しながら，「メッセージ」のあり方とその変容を考察の対象とする。

　まず，第5章の「参加型観光とその時代──「みる」から「する」へ」（高岡文章）では，渋谷のスクランブル交差点における観光客の振る舞いを議論の出発点としながら，観光領域における新たな動向として「参加型観光」を考えていくことになる。さらに本章においては，観光のみならず，まちづくり，ボランティア，労働，消費，文化創造，デジタル・コミュニケーションなどを取り上げ，そこに「参加型社会」の構図を見出しつつ，「観光のパフォーマティヴィティ」をめぐる議論を展開していくことになる。

　続く，第6章の「観光をめぐるメディア・メッセージ──「ブランド」の視点からの観光コミュニケーション分析」（岡本健）では，ブランド・マネジメントの考え方──とくにケビン・レーン・ケラーの『戦略的ブランド・マネジメント』におけるそれ──を参照しながら，また，「ゆるキャラ」や「地域PR動画」といった事例などを参照しながら，観光の場面でみられるコミュニケーションのなかで，具体的にどのようなメッセージがやりとりされているのかを分析したうえで，さまざまな誤解や勘違い，意図した発信，意図せぬ受容などが含まれる観光コミュニケーションの複雑な様相に目を向けていくことになる。

　さらに第7章の「中国におけるソーシャル・メディアの現状──ソーシャル・メディアの利用と，そこから派生する共同性」（黄碧波）では，中国におけるソーシャル・メディアの利用とそこから派生する共同性について考えていくことになる。周知のように中国では「金盾」とよばれるファイアウォールによって，独自のインターネット環境が形成されている。そのために日本でおなじみのツイッターやインスタグラムなどは使えず，それに代わる中国独自のソーシャル・メディアが普及している。現代の技術的環境は，新たなデジタルメディア／ソーシャル・メディアの登場を可能にしたわけだが，中国ではそれ以外の国々と類似しつつも，相互に自律したかたちで，独自のメディア生態系が確立されつつあるのだ。

# 第5章

# 参加型観光とその時代

## 「みる」から「する」へ

高岡文章

「あなたが渋滞のなかにいるのではありません。渋滞の正体は，あなたなのです」（ベックほか, 1997：48）。

渋谷スクランブル交差点 （筆者撮影）

ドイツの交通標語は社会と個人とのアイロニカルな関係性を見事に言いあてている。渋滞に巻き込まれた人は誰もがうんざりするだろう。しかしかれらは渋滞の単なる犠牲者ではない。かれら自身が渋滞を生み出してもいるのだ。私たちは社会において，ただ観客としての立場に甘んじているわけではない。私たちはプレイヤーとしてこの社会に参加している。参加は権利でもあり要請でもある。必然でもあり偶然でもある。希望でもあり絶望でもある。観光を題材として，参加型社会について考察してみよう。

# ❶ 奇妙な観光地・渋谷スクランブル交差点 ─────

　本章では観光を取り上げる。観光社会学[1]の観点から，参加型観光および観光のパフォーマティヴィティについて検討してみよう。

　渋谷スクランブル交差点はいまや東京を代表する観光スポットである。世界で最も有名なこの交差点には今日も多くの外国人旅行者が訪れ，興奮気味に交差点を渡り，そのカオスをカメラにおさめる。ここには偉人にゆかりの家もなければ，絶景もない。伝統衣装を身にまとう民族がいるわけでもなければ，ローカルな祭りが行われているわけでもない。この街に暮らす人にとってはなにげない日常の風景が，外国人の目には「世界中でここにしかない場所」(朝日新聞，2016年3月5日，朝刊) とうつる。

　観光のまなざしの対象になっているのは，ピーク時には1回の青信号で3,000人もの人びとが互いに衝突をぎりぎり避けながら巧妙に交差点を渡りきる，その振る舞いである。そしてその様子をカメラにおさめる観光者の姿までもが，いまでは渋谷の風景の一部を織りなす。秩序と無秩序が同居する危うげな交差点は，いつの間にか現代日本を象徴するクールでエキサイティングな空間として熱い視線を集めるようになっている。

　観光者は渋谷スクランブル交差点を「まなざす」だけでなく，観光に「参加」している。勝手に歩き，場所を体感し，写真や映像を撮り，SNSやブログを通じて他者と共有する。そこには仕掛け人も入場料取り立て人もいない。観光者どうしのクチコミや共感が場所の価値を高めていく。ここでは観光者による思い思いの参加が観光を成り立たせているのだ。

---

1) ここでいう観光社会学とは，社会学を中心に，地理学，人類学なども含めた人文学的なアプローチによって展開される観光研究を指している。

　このように，観光のあり方そのものに観光者自身が関わるような形態を参加型観光とよぶことができる（須藤, 2017）。かれらは二つの意味において観光に参加している。観光者は，スクランブル交差点を観客として眺めるだけでなく，交差点を渡る楽しみやスリルを実際に体験する。ここではそれを「プログラムへの参加」とよんでおこう。

　同時にかれらはスクランブル交差点を観光地たらしめるプロセスへと循環的に介入していく。駅を降りればそこはYouTube で何度も見たあの交差点だ。歩き，立ちどまり，撮影し，また歩く。そして今日も新たな画像や映像がSNS 上に置き重ねられていく。ここには文化財も世界遺産もない。マイナスイオンもスピリチュアルなパワーも（おそらく）出ていないだろう。その観光的な価値は，観光者の振る舞いによってのみ支えられている。観光者の欲望だけが，この奇妙な観光地を成り立たせている。このような参加を「プログラミングへの参加」とよんでおこう。

　現代社会において，観光者は既存のプログラムの単なる消費的な参加者ではなくなっている。かれらはますますプログラム産出の一翼を担う。「プログラムへの参加」から「プログラミングへの参加」へ。「ゲストとしての観光者」から「プログラマーとしての観光者」へ。観光の新しい動向に目を向けながら，参加型へと転回する社会の一端を明らかにしてみよう。

## ❷　観光現象における「みる」から「する」へ ―――

　参加型観光とは何か。ここでは観光現象の動向をみておこう。

　観光の文脈で参加型というとき，まずは観光地住民による参加が念頭に置かれてきた。マス・ツーリズムの時代における従来の観光では，旅行会社や鉄道会社，航空会社，出版社など外部資本が手を

組んで観光事業を主導してきた。地域住民は意思決定をめぐるプロセスや経済的な恩恵からたいてい排除されてきた。京都市民にとって金閣寺は，ローマ市民にとってのコロッセオと同じように，自分たちとは関係のない他者の場所にすぎなかった。

2000年以降，これまで置き去りにされてきた住民を巻き込みながら地域活性化を目指す観光まちづくりの動きが各地でひろがっていく。観光者の論理を優先する発地型観光から，地域社会の主体性を尊重する着地型観光への転換だ。観光の現場では風景の一部にすぎなかった地域住民が自ら観光案内を行うボランティアガイドや，住民とともに観光地を歩くまち歩きイベントなどが盛んに行われるようになった。

観光者の志向や行動にも変化がみられるようになる。「みる」から「する」への転換だ。これまでの物見遊山型では飽き足らず，近年では体験型・学習型・交流型の観光が重視されている。農村の民家に宿泊して土地の暮らしを体験する農家民泊や，専門ガイドとともに自然の魅力を満喫するエコツーリズム，貧困地域や被災地で社会貢献にたずさわるボランティアツアーなど，多様な形態の参加型観光が注目されてきた。

今日では観光者による観光への参加は，よりラディカルな姿をみせている。京都や金沢，鎌倉など歴史的な町並みが保存された観光地では，若者や外国人向けにきもの体験のサービスが提供されている。斬新なのは，きものが観光実践におけるユニフォームになっている点だ。閉ざされた写真館のなかでほんの一瞬だけきものを着るのではない。きものを着てまちを歩き，そのまま電車に乗り，名所やみやげ屋を訪れ，食事をし，その様子を知人や同行カメラマンが撮影する。観光の目的は，何かをまなざしたり，消費したりすること以上に，きものを着て歩くという行為それ自体に焦点化されている。

　このような観光アトラクションとしてのきもの体験は，韓国旅行における韓服体験，ディズニーランドにおける「おそろコーデ」や制服ディズニー，ハロウィンにおける仮装とも同型的である。ユニフォームを着用することは，観光における一つのメニューなのではない。ユニフォームがなければ観光が成り立たないほどに，それらは観光体験の主要な要素を構成している。きもの着用という行為こそが観光実践を生み出しているのだ。

　ユニフォームを身にまとった観光者は，かれら自身がさらなるまなざしの対象／観光資源となるという循環的な側面をもつ。きものを着て京都産寧坂を歩く人が，地元の舞妓なのか日本人の若者なのか，あるいは海外からの観光者なのかを正確に言いあてることはさほど容易ではない。そのような区別をなし崩しにしながらかれらはきもの姿ですれ違い，土地の風景と化す。きもの着用が観光地の景観を創り出している。

## ③　観光研究における「みる」から「する」へ ───

　このような観光のダイナミックな動向を観光研究はどのように捉えてきたのだろうか。ここでは観光社会学の流れを概観しておこう。

　一般的に英語で観光はsightseeing（景色をみること）であり，日本語でも「光を観る」と書く。語源からして観光とは「みること」であるとする考え方が長らく支配的であった。観光社会学の先駆的研究者であるジョン・アーリは，1990年に『観光のまなざし』を著し，まなざし概念による観光の分析を提唱した（アーリ, 1995）。近代的な認識における視覚の特権性を論じたミシェル・フーコーの研究を援用し，アーリは観光における視覚の重要性を強調した。観光とはみることであり，観光者のまなざしは社会階層やジェンダー，エスニシティなどの社会的属性によって「構造化され組織化」され

ている。

しかしアーリのまなざし論はのちに数多くの批判にさらされることになる。たとえばアルン・サルダンハは「観光者は，泳がないのか，山へ登らないのか，散策しないのか，スキーをしないのか」（Saldanha, 2002: 43）との疑問を呈し，観光者を単なる「一組の目」として捉えるアーリの議論の偏狭さを指摘した。まなざし論が嗅覚，聴覚，触覚，味覚など観光における多様な感覚を軽視していることや，観光者の身体性や振る舞いを問題化できないことなどが，他の研究者からも厳しく論難されてきた。さらには，まなざしが社会的に規定されるとする決定論的な論じ方も，有効性に疑問符が付されてきた。

観光社会学はアーリのまなざし論を乗り越えるべく理論的な発展を試みてきた。観光における身体性や振る舞いを重視する視点をパフォーマンス的転回とよぶ。アーリ自身もヨーナス・ラースンとともに著した『観光のまなざし』第3版において，パフォーマンスをめぐる章を設け，観光におけるパフォーマンス概念の重要性に注意を促すにいたっている（アーリ＆ラースン, 2014）。

エリック・コーエンらは観光研究のパフォーマンス的転回を二つに区別している（Cohen & Cohen, 2012）。一つは社会学者アーヴィング・ゴフマンの影響のもと，観光状況における行為を「まなざし」ではなく「パフォーマンス」として捉えるものだ。観光の現場において観光者は観光現象の観客であるだけでなく，観光という舞台に立つパフォーマーでもある。観光者や観光ガイドのしぐさや会話，振る舞いから観光が分析される。

もう一つの視点はさらに急進的である。ここで焦点化されるのは「パフォーマンスとしての観光」というよりも「観光のパフォーマティヴィティ」だ。ジョン・L・オースティンの言語行為論やそれを社会分析に応用したジュディス・バトラーからの示唆にもとづき，

観光を社会構造の反映とみなすのではなく，観光がいかに行為遂行的（パフォーマティヴ）に現実を構成するのかが問われることになる。観光実践から切り離されたところに前もって観光地や観光アトラクションが存在するのではない。それらは観光の対象や誘因でありつつ，その事後的な効果であり産物でもあるのだ。

渋谷スクランブル交差点では驚く，笑う，歩く，渡る，写真を撮る，SNS にあげる，という観光者の実践（だけ）が，交差点を観光地に仕立てあげる。京都産寧坂でレンタルきものを着て歩く，カメラに写る，写真を撮る，SNS にあげる，食べる，買うという実践（こそ）が，京都きもの観光を成り立たせている。観光者のパフォーマンスに先だってこれらの観光は存在しない。観光実践が観光をプログラミングしているのだ。

注意が必要なのだが，ここで問題となっているのは，ただ観光者が身体を用いてパフォーマンスをしているとか，ツアーに積極的に参加しているとか，そういった類のことではない。そのような「プログラムへの参加」とともに明るみに出されているのは「プログラミングへの参加」である。観光者の実践が行為遂行的（パフォーマティヴ）に観光を成り立たせている。このような観光のパフォーマティヴィティに着目することで，私たちは受動的，静態的で決定論的な観点から解放されて，観光のもつ生成的な特質へと目を向けることができる。

### ④　参加型社会という隘路

観光現象や観光研究におけるこのような変化は，当然のことながら，より広範な社会的文脈のもとでもたらされている。ここでは参加型社会について考えてみよう。

社会参加はもちろん近年にはじまった現象ではない。民主主義は

政治への市民の参加として捉えることができるだろうし，総動員体制は戦争への国民の参加とみることができるだろう。しかし，参加型傾向の全域化は，後期近代の政治経済的な状況によってもたらされている。

新自由主義的政策のもとでの民営化や，1995年以降のボランティア活動の進展は，これまで国家が占有してきた社会的なもの，公共的なものへの企業や市民の参加という側面をもつ。第2節で言及した観光まちづくりが，福祉や教育，防災など幅広い領域において住民参加型まちづくりが拡大している趨勢の一側面でもある。

このような参加を単に国家から市民への温情あふれる権限委譲とみなすのはあまりにもナイーブである。中野敏男は阪神淡路大震災をひとつの重要な契機として顕著になってきたボランティア，NGO，NPO活動の高まりについて，早い段階から警鐘を鳴らしていた（中野, 1999）。中野は「ボランティアは，国家システム側の要求でもある」（中野, 1999: 76）と述べる。市民の「自発的」な社会参加は「無自覚なシステム動員への参加」になりかねないとする彼の指摘は，東京オリンピック開催に際して多くの市民ボランティアが安あがりの労働力として動員されていく現実を前にして，再び迫真的な説得力を帯びてくる。

参加を要求してくるのは国家だけではない。アラン・ブライマンはサービス業の労働現場において「従業員は舞台の役者になる」とし，かれらの労働を「パフォーマティヴ労働」とよんだ（ブライマン, 2008）。飲食店での膝つき接客や，東京ディズニーランドにおける清掃スタッフなどを思い浮かべるとよいだろう。ブライマンによれば，企業は「管理の強化」ではなく「組織への責任感」や「感情的な絆」「会社やチームへの献身的参加」を高めることで，従業員を動機づけようとしている。「多くのコンサルタントや組織が従業員の感情を資源として引き出す強力な参加型文化を創造しようとし

てきた」（ブライマン, 2008: 192）。

　参加へと促されているのは労働者だけではない。経験経済やコト消費といった経済学の概念は，消費の現場において体験や参加の価値が高まっていることを教えている。重要なことに，ここでの参加は消費者の自発的な欲望というよりも市場の要請なのだ。ディズニーランドにおけるゲストの仮装から，結婚披露宴における参列者の余興まで，私たちは観客であるよりもますますパフォーマーとしてこの社会に参加している。宮入恭平は習い事やカラオケなどアマチュアによる表現活動を「発表会文化」と名づけ，音楽活動の発表会化を批判的に分析している（宮入, 2015）。これまで観客から入場料を徴収して行われたライブは，今日では演奏者自身が出演料を支払うことによって成り立っている。

　教育の現場でも参加がますます顕著だ。大学は産官学連携や域学連携に駆り出され，学生はアクティブラーニングや課題解決型学習（PBL）に精をだす。ボランティア活動の実績や能動的なコミュニケーション能力は，今日では入学試験や就職活動における最優先事項の一つになっている。

　参加型という新しい社会状況の最も明快な刻印であり駆動要因でもあるのがデジタル・ネットワークの革新（WEB2.0）であろう。これまで大手の情報産業が独占してきた情報発信をめぐる権利の多くは，今ではユーザーに委譲されている。SNS を通じた双方向のコミュニケーションが日常化し，ユーザーは容易にメッセージや作品を創作／発信できるようになった。このような「ありふれた創造性」を手にしたユーザーが文化創造へと参加する状況をジャン・バージェスは「参加的転回」と名づけている（Burgess, 2007）。私たちを創造的な参加へと誘いつつ，そのような創造性を資本主義システムへと回収する構造を田中東子は「参加型権力」とよんで警鐘を鳴らす（田中, 2017）。

## ❺ 観光のパフォーマティヴィティ：「みる」から「する」へ，を越えて

　私たちはまちづくり，ボランティア，労働，消費，文化創造，デジタル・コミュニケーションなど，さまざまな局面においてますます参加するようになっている。参加型社会は私たちの生活の可能性を広げると同時に，社会・国家・資本のシステムに好都合な参加へと私たちを促してもいる。

　そのような時代にあって，観光とはいかなるものだろうか。本章の締めくくりに，ここまでの論点を確認しつつ，参加する時代における観光社会学について展望しよう。

　観光を問うための手がかりを求めて，もう少しだけ遠回りをしておこう。星野太は現代美術におけるパフォーマンス的転回について論じている（星野，2017）。冷戦終結を契機に，それまで近代的な美術制度のもとで構築されてきた視覚中心型の芸術が後退し，対話，参加，協働，コミュニティといった社会的な含みをもつアートが台頭してきた。アーティストや研究者たちはこれらをアートのパフォーマンス的転回や社会的転回と捉え，芸術作品に内在／外在するパフォーマティヴィティを問題化してきた。そこでは，これまで美術の世界において暗黙の前提とされてきた美的なもの，芸術的なものが危険なまでに問い直されているという。

　観光のパフォーマンス的転回は観光の何を問い直しているのだろうか。四点指摘しておこう。まず，地域住民による観光まちづくりへの参加や，観光者の体験型／参加型志向などといった現象面の動向は，これまでの観光のあり方を大きく変容させている。つぎに，観光社会学はアーリのまなざし論を批判的に乗り越えるべく，研究の焦点を「みる」や「まなざし」から，「する」や「パフォーマンス」へと移行させている。

さらに，このような「プログラムへの参加」とともに重要なのは「プログラミングへの参加」という現象／視点である。観光者は既成の観光プログラムに参加しているだけではない。かれらの観光実践がその結果として観光を成り立たせている。観光はまるで飛行機雲のように，何らかの実践のパフォーマティヴな痕跡であり効果なのだ。

ただし「プログラミング」という用語があたかも明確な意図をもったプログラマーの存在を想起させてしまうとすれば，それは望ましいことではない。ここに四つめのポイントがある。観光のパフォーマティヴィティという過激な概念は，明確な主体（観光者）や場所（観光地）を前もって想定はしない。ましてや，誰かの意図通りのプログラムがそこで実行されているとも考えない。それが捉えようとするのは，観光をめぐる実践，行為，活動が不意にもたらしてしまう何ものかにほかならない。

従来の観光研究が前提としてきた日常と非日常，労働と余暇，ホストとゲストの境界線は，今日の観光においては激しく揺れ動いている。渋谷スクランブル交差点では地元住民と観光者が青信号の度に入り乱れる。誰が観光者で誰が非観光者なのか区別をつけることが難しいのは，観光者が雑踏に紛れ込んでいるからではない。交差点を渡る者は誰もが，この交差点目当てに多くの観光者が渋谷にやって来ることを知っている。地元住民であろうと観光者であろうと，歩行者は他者からの観光のまなざしにさらされつつ，自らもこの観光地をまなざしながら歩く。そこではもはや誰もが観光者なのだ。

従来的な意味での観光資源は渋谷スクランブル交差点には存在しない。にもかかわらず，渋谷スクランブル交差点は現代日本を代表する観光スポットである。そこでは，観光者であること，観光地であることの意味がそのつど問い直され，更新されていく。ただし歩行者信号が青のときに限って。

●ディスカッションのために
1 渋谷のスクランブル交差点のように，参加実践によって観光地化されている場所の例を考えてみよう。
2 いかなる点において現在の観光は明確な主体や場所を前もって想定していないのか，本章の記述をふまえて考えてみよう。
3 参加型社会の利点と問題点について，事例をあげて考えてみよう。

**【引用・参考文献】**

アーリ, J. ／加太宏邦［訳］(1995).『観光のまなざし——現代社会におけるレジャーと旅行』法政大学出版局 (Urry, J. (1990). *The tourist gaze: Leisure and travel in contemporary societies.* London: Sage.)

アーリ, J., & ラースン, J. ／加太宏邦［訳］(2014).『観光のまなざし〔増補改訂版〕』法政大学出版局 (Urry, J., & Larsen, J. (2011). *The tourist gaze 3.0.* London: Sage.)

須藤 廣 (2017).「観光者のパフォーマンスが現代芸術と出会うとき——アートツーリズムを中心に，参加型観光における「参加」の意味を問う」『観光学評論』*5*(1), 63–78.

田中東子 (2017).「キャラクター商品，消費型文化，参加型権力」田中東子・山本敦久・安藤丈将［編著］『出来事から学ぶカルチュラル・スタディーズ』ナカニシヤ出版，pp.93–113.

中野敏男 (1999).「ボランティア動員型市民社会論の陥穽」『現代思想』*27*(5), 72–93.

ブライマン, A. ／能登路雅子［監訳］・森岡洋二［訳］(2008).『ディズニー化する社会——文化・消費・労働とグローバリゼーション』明石書店 (Bryman, A. (2004). *The Disneyization of society.* London: Sage.)

ベック, U., ギデンズ, A., & ラッシュ, S. ／松尾精文・小幡正敏・叶堂隆三［訳］(1997).『再帰的近代化——近現代の社会秩序における政治，伝統，美的原理』而立書房 (Beck, U., Giddens, A., & Lash, S. (1994). *Reflexive modernization: Politics, tradition and aesthetics in the modern social order.* Cambridge: Polity Press.)

星野 太 (2017).「現代美術の「パフォーマンス的転回」(1)——「社会的転回」の時代の芸術作品」『金沢美術工芸大学紀要』*61*, 103–110.

宮入恭平［編著］(2015).『発表会文化論——アマチュアの表現活動を問う』

青弓社

Burgess, J.（2007）. Vernacular creativity and new media. PhD dissertation. Brisbane: Queensland University of Technology.

Cohen, E., & Cohen, S. A.（2012）. Current sociological theories and issues in tourism, *Annals of Tourism Research, 39*(4), 2177–2202.

Saldanha, A.（2002）. Music tourism and factions of bodies in Goa. *Tourist Studies, 2*(1), 43–62.

# 第**6**章

# 観光をめぐるメディア・メッセージ

## 「ブランド」の視点からの観光コミュニケーション分析

岡本 健

　　　　　　　　　観光の現場における
メッセージのやりとりは
単純なものではなく，実
に多層的なものだ。た
とえば，みなさんが旅行
者として「オススメのお
店」が紹介されたマップ
を見たとしよう。その
マップで今日の昼食を決めようとしたとき，その発行元が特定のお
店の集団だと気づいたらどうだろう。「作った人たちが儲けるため
に，わざと他の美味しいお店を排除したものになっているのではな
いか……」と疑ってしまうかもしれない。

　これは，観光資源の「ブランド」を構築するうえで，実に重要な
問題である。自治体が単純に「ここは良いところですよ」とメッセ
ージを発しても，読み手は逆に「だまされないぞ」と遠ざかってし
まう。これでは本末転倒である。本章では，ブランド・マネジメン
トの考え方を参照しながら，「ゆるキャラ」と「地域PR動画」の事
例を分析して，観光の場面でみられるコミュニケーションのなかで，
どのようなメッセージがやりとりされているのかを考えてみたい。

# 1 はじめに：観光におけるコミュニケーション───

　観光におけるコミュニケーション（メッセージのやりとり）の複雑さを考える際に，面白い事例がある。3 年ほど前に，筆者が京都の鹿苑寺（通称：金閣寺）周辺を歩いていたときのことだ。スマートフォンをもった白人男性の観光客が，着物姿の女性グループを熱心に撮影しているのを目にした。英語話者であるらしい彼は，撮影した写真を確認しながら友人たちと盛りあがっており，女性たちもポーズをとってまんざらでもなさそうだ。しかし，私の目から見ると，彼女たちが着ていた着物はあまりに派手すぎた。また，話していた言語は韓国語であった。つまり，彼女たちもまた，レンタル着物に身を包んだ外国人観光客だったのである。

　さて，この出来事をどう解釈できるだろうか。文化を本物／偽物の二項対立的な構図で捉え，「観光資源は"本物"であってこそ価値がある」という立場をとるなら，この出来事を，偽物の着物を着てコスプレを楽しむ女性グループと，それを"本物"と勘違いして喜んで撮影する白人男性とのコミュニケーションとして，一種の"笑い話"として終えることもできる。

　一方で，観光資源に本物／偽物はそもそも存在せず，メッセージのやりとりによって成立するものだと捉えた場合はどうだろうか。この出来事は，誤解によって完結した，ある意味では幸せなコミュニケーションの世界だと解釈することもできるだろう。逆に，観光客が執拗に"本物"を求める状況を考えてみると，生活者として着物を着て暮らしている人びとが，観光客による無遠慮な撮影にさらされてしまうことにつながる。このような事態を回避できているという意味では，上記の誤解にみちたコミュニケーションのほうが，そこに関わる人びとにとって良い関係が構築されている，ともいえるだろう。

　さらに考えをすすめてみよう。白人男性と着物の女性が「それは偽物ですよ」と告げられたらどうだろう。せっかくそんなことは気にせず「幸せな関係性」を楽しんでいたのに，知ってしまうと「なんだ……」とがっかりしてしまうかもしれない。これは極端な例かもしれないが，観光資源は多かれ少なかれ，このような「勘違い」を含んで成立している。すべてが物理的現実のままに語られると，観光は成立しないといっても過言ではない。観光資源は物理的現実に「意味づけ」や「価値づけ」がなされたもので，人びとがそこからメッセージを読み取ることで形作られているのだ。

## ❷　観光資源とブランド

　観光資源の「価値」について理解を深めるには，「ブランド論」の考え方が参考になる。ブランド論を知るための代表的な文献としては，デービッド・アーカーの『ブランド論』（アーカー, 2014），ケビン・レーン・ケラーの『戦略的ブランド・マネジメント 第 3 版』（ケラー, 2010）などがあげられる。また，観光学の文脈でブランドやブランディングについて論じた書籍としては，『観光の地域ブランディング』（敷田・内田・森重, 2009），『現代の観光とブランド』（大橋, 2013），『観光マーケティングの現場』（吉田, 2016），などがある。ここからは，『戦略的ブランド・マネジメント 第 3 版』（ケラー, 2010）の記述を基本に，ブランド論の概念を使いながら，観光におけるコミュニケーションのあり方を分析していきたい。

　まずは，ブランドという言葉の意味を確認しておこう。「ブランド」と聞いて，何を思い浮かべるだろうか。おそらく，最も一般的なのは「ブランド品」や「ブランドのバッグ」といった表現，あるいは「その靴，どこのブランド？」といった使い方だろう。シャネルやグッチ，ルイヴィトンなどのメーカー名や高級ブランド品のこ

とを指す使い方である。

　じつは，この「ブランド」という言葉は，もともとは「焼き印を付ける」ことを意味していた。焼き印というのは，自分の牧場の家畜と他の牧場の家畜を区別するために付けるものだ。つまりブランドは，「ある生産者の商品を別の生産者の商品と区別するための目印」のことを指す。アメリカ・マーケティング協会によると，ブランドとは「個別の売り手もしくは売り手の集団の商品やサービスを識別させ，競合他社の商品やサービスと差別化するための名前，言葉，記号，シンボル，デザイン，あるいはそれらを組み合わせたもの」とされている（ケラー，2010）。つまり，高級ブランドでなくても，他社の製品やサービスとの差を識別できるものであれば，すべて「ブランド」だといえる。

　たとえば，AホテルとBホテルのどちらの予約をとるか，といった場面を想像してみよう。駅からの利便性や，価格などの各種条件はほぼ同じで，選択の決定打にならないとする。そんなとき，Aホテルチェーンのサービスの質の高さが各種メディアで評価されていたことで，Aホテルが選ばれたとしたらどうだろう。他のホテルではなくAホテルが差別化され，選択される場合，Aホテルのブランドは有効に機能している。

　先ほど，観光資源の価値について考える際に，ブランド論が参考になると指摘したが，その理由はこの例がよく表している。こうした観光産業で取引される財は，その性質から「経験財」とよばれる。経験財とは，その製品やサービスを購入する際に，事前にその財の品質を判断することが難しいものを指す。

　たとえば，店頭で洋服を選ぶ場合，どのような色で，どのような素材で，どのような着心地なのか，サイズが合うのかを確認したうえで購入できる。その一方で，観光経験の場合は，お金を払って，時間を使って，実際に経験してみるまで，その財がどのようなもの

なのかは厳密にはわからない。こうした種類の製品やサービスを経験財とよぶ。映画やゲームなどのコンテンツも同じことだが，観光の場合には，売っている側も，消費者がどのような体験をするのか，正確に把握するのは難しい点が特徴的である。

経験財である観光サービスや観光地を，客はどうやって選択するのだろうか。経験財は実際の品質を確認するタイミングが実際に消費するタイミングと同時に発生するので，事前に品質を確かめることはできない。そのため，写真や動画，ガイドブック，ネットの書き込み，口コミといった各種メディアから得られる周辺情報を参考に選択せざるをえない。この周辺情報は，当然ながら元の情報の一部分を切りとったものになる。

たとえば，観光ガイドブックのことを考えてみよう。あたりまえのことだが，そこに取り上げられている場所や飲食店もあれば，そうでないものもある。取り上げられていない場所や飲食店に，素晴らしい体験がないといえるだろうか。また，取り上げられている場所や飲食店の情報にしても，実に断片的なものだ。こうしたときに，ブランドが果たす役割は強くなる。

## ③ ブランドと製品，消費者

つぎに，ブランドが付与される対象について確認しよう。ブランドは製品に付与される。この場合の製品は有形の物に限らない。有形財，サービス，小売店，人，組織，場所，アイデアなどさまざまである。これを前提とすると，製品をつぎのように定義できる——「ニーズあるいはウォンツを満たす可能性があるものとして，注目し，取得し，使用ないし消費してもらうために市場に提供されるものすべて」（ケラー，2010）。

先ほども少し触れたが，製品に関する財の性質について，より詳

しく説明しておきたい。製品と製品から連想される属性や利益は、大きく三つに分類されている。それは「探索財」「経験財」「信頼財」である。

「探索財」とは、消費者が目で見て、強度や大きさ、色、スタイル、デザイン、重量、成分構成といった製品の属性を評価できるものを指す。スーパーの食料品売り場で、たくさん並んだ野菜や果物を手にとって見比べて、どちらが良いか吟味している客をよく見かけるが、まさにそうした行動が可能な製品が「探索財」であるといえる。つぎに「経験財」とは、製品属性が簡単には評価できず、購入前の段階では、耐久性、サービス品質、安全性、扱いやすさ、使いやすさ、快適性や面白さなどが判断できないものだ。経験財の属性を完全に把握するためには、実際に使ったり、体験したりする必要がある。旅行商品や映像コンテンツはまさに「経験財」であるといえる。そして「信頼財」は、消費者にとって製品属性がよくわからないものを指す。たとえば、保険商品などは消費者側はその価格の妥当性を正確に見積もることが困難であり、信頼財の一例としてふさわしい。

「探索財」の場合には、製品の性能を消費者がその場で吟味できるが、「経験財」「信頼財」の場合には、正確な判定が難しくなる。そうなると「ブランド」が、より威力を発揮する。つまり、消費者からすると、他者の評価が高い、あるいは、以前に購入して満足したブランドの製品を購入すれば「製品の質が保障されている」という安心感が得られるのである。

たとえば、「ユニクロ」について、服のデザインや色、サイズ、価格、商品陳列や接客方法、店舗のレイアウトなど、さまざまな要素を気に入っている消費者がいたとしよう。その消費者は「洋服を買おう」と思い立ったときに、迷わずユニクロの店舗に足を運ぶだろう。このように、消費者は、あれこれ迷うコストを減らしたり、買って

損をしたと感じるリスクを減らしたりすることができる。

　また，それ以外に，特定のブランドの製品を購入したり身に着けたり体験したりすることは，シンボリックな装置としての役割も果たす。特定のブランドは特定のタイプの人びとを連想させる。つまり，それぞれに異なる価値観や特質を反映するブランドの製品を表出させることが，自分を表現することにつながるのだ。最初に例をあげた「ブランド品」や「ブランドのバッグ」などは，この特徴をもっている。観光についても，行く場所やそこでの経験には，同じような機能が求められる場合がある。

　一方で，企業にとっても「ブランド」は有用である。まずは，ブランドには製品の取り扱いや追跡を単純化する機能がある。つまり，どういう客層にどの程度売れるのか，といったことが認識しやすくなる。在庫や会計の記録を整理する際に，この識別機能が役立つ。

　また，製品のユニークな特徴や外観，アイデアなどは法的権利が得られ，知的財産権を保持することができる。ブランドには，さまざまな要素がある。おもなブランド要素は，「ブランド・ネーム」「URL」「ロゴ」「シンボル」「キャラクター」「スポークスパーソン」「スローガン」「ジングル」「パッケージ」「サイネージ」(ケラー，2010) であるという。

　これらの諸要素は，それぞれが知的財産となる。ブランドの名前は「登録商標」によって保護される。製品の製造プロセスは「発明」として「特許」で，パッケージは「著作権」や「意匠権」によってそれぞれ保護される。これらの権利を他社が使用する際には，権利の使用料が入ることになり，その使用料を「ロイヤルティー」とよぶ。また，これを他社が侵害した際には，損害賠償を請求する権利が発生することになる。2006 年には，地域団体商標とよばれる地域の名称と製品を合わせた名称が保護されるようになった。

　ブランドは，他にも利益をもたらしてくれる。ブランドは製品に

ユニークな連想や意味を付与して，他社の製品との差別化を行う。さらに，消費者が「製品の品質が良い」と感じたブランドはリピーターを獲得することができる。先ほどの「ユニクロ」の例がまさにそうだ。こうした機能によって，企業は需要を予測しやすくなるとともに，他の企業に対して参入障壁を築くことができる。つまり，他の企業との競争を回避することができるのだ。観光では，競合する世界中の観光地や他業種の製品との差別化が重要になる。

## ❹　ブランドをめぐるメッセージの解釈 ─────

　ここまで観光とブランドについて整理してきたが，実際のところ，事はこれほど単純には運ばない。現在の社会においてブランドをマネジメントする際にはさまざまな困難をともなうのである。

　たとえば，ブランドそのものの数が増加したことが，一つの課題となっている。単純に選択肢が増加しているのだ。この状況は「価値観の多様化」とも表現される。そうすると，メディアの多様化と相まって，ターゲットとしている消費者に，特定のブランドの情報がそもそも届かないという事態が起こりうる。

　これは，同一の産業内のみでの競争だけではなく，時間消費型の産業同士のすべてがライバルとなる状況を引き起こしている。ある観光地のライバルは別の観光地だけでなく，スマートフォンゲームであったり，映画館であったり，カフェであったりする可能性があるということだ。消費者一人あたりがもつ時間は有限であり，それらを奪い合っていると考えると，異業種もライバルになりうるのである。

　また，顧客がマーケティングやブランディングの知識を学習してしまっており，提供者が発信したメッセージによって単純には説得されなくなっている，という問題もある。これには，メディアの

発達も影響している。マスメディアの影響力が非常に強かった時代と，現在のような，マスメディア，ソーシャル・メディア（佐々木 2018），そして，キュレーションメディア（岩崎・小川, 2017）がそれぞれ存在感を発揮している時代とでは，消費者側の情報行動は異なる。消費者は，製品を消費しながら，その製品および販売方法に施された仕掛けそのものをもメッセージとして受けとり，学習しているのだ。

## ⑤ 多層的なメッセージのやりとり：「ゆるキャラ」と「地域 PR 動画」

### ✤ゆるくない「ゆるキャラ」グランプリ

「ゆるキャラ」とは，みうらじゅんによって命名されたもので，公共機関や大型イベントの広報用に作られたマスコットキャラクターのことを指す。商業用に作られたものに比べて，図像や設定に「わけのわからなさ」や「つっこみどころ」や「ゆるさ」をそなえたキャラを取り上げ，それを面白がり，価値づける視点を含んでいる。その後，滋賀県彦根市の「ひこにゃん」（2007 年）や熊本県の「くまモン」（2010 年）といった人気キャラクターが登場し，2013 年には，「ユーキャン 新語・流行語大賞」のトップテンに「ご当地キャラ」が選ばれた。

そうした「ゆるキャラ」の人気を競う「ゆるキャラグランプリ」が 2010 年から開催されているが，「ゆるキャラグランプリ 2018」において「組織票」騒動が起こり，さまざまなメディアに取り上げられる事態となった。具体的には，三重県四日市市のゆるキャラ「こにゅうどうくん」への得票数を増やすために，市役所職員が大量のフリーメールのアドレスを用いて投票を行なったことが判明した。その他の自治体でも類似の組織票の投票があることがわかり，

運営サイドによる組織票の排除が行われた。その結果，グランプリ
に輝いたゆるキャラが，埼玉県志木市文化スポーツ振興公社の「カ
パル」となった。カパルは，ツイッターアカウントでの「つぶやき」
が人気を博しており，2020 年 11 月時点でフォロワー数は 4 万人を
超えている。つぶやきの内容は，地域のPR 情報を全面に出すとい
うより，ネット上のさまざまな話題にふれたり，カパルについて言
及されたつぶやきに返信したり，他のキャラクターとの交流の様子
をみせたりするようなものが中心である。

　この出来事は，本章で扱っているテーマを考えるうえでじつに興
味深い。そもそも「ゆるキャラ」という「コンテクスト」が作られ
ることによって，それまで認知度が低かったキャラクターたちが
「ゆるキャラ」として注目されはじめる（寺岡, 2014）。まず，この
時点で「ゆるキャラ」というコンテクストが生まれ，新たな価値が
見出される。そして，「ゆるキャラグランプリ」というランキング
システムが用意され，そのなかで各キャラクターのブランド力が可
視化されることになった。ここで証明されたブランドは，さまざま
な商品展開やシティプロモーションへの活用が期待できる。とはい
え，このコンテクストに対する期待から急激に増加した「ゆるキャ
ラ」「ご当地キャラ」のなかで，他のブランドと差別化を図るのは

図 6-1　ゆるキャラグランプリ
2018

図 6-2　カパル

かなり難しい。ところが，ランキングシステムで上位を獲得できれ
ば，その内実とは別に，ブランド力にお墨つきが与えられる。その
ため，組織票騒動が起こったと整理することができる。そのなかに
あって「カパル」は，むしろそうした「ご当地キャラ」コンテクス
トに乗っていないことによって，逆にブランド力を獲得したことに
なる。これは消費者側が「わざとらしさ」に辟易してしまい，むし
ろそれを避けたものを評価した例といえる。このように，それまで
のコンテクストの枠を壊すコンテンツ（この場合はキャラクター）が
人気を博す事例は，映画やアニメ，小説等のコンテンツ作品におけ
る「ジャンル」の動向と構造的に類似している（岡本, 2018）。

### ❖市長が否定したことで注目された「東播磨ちゃん」

　つぎにみておきたい事例は，東播磨県民局が制作した地域PR動
画だ。本作は，女性アイドルグループ「HYOGO」を描いたもの
で30秒程度の動画の連作になっている。「HYOGO」のメンバーは
「神戸」「姫路」「東播磨」で構成され，「神戸」には異人館という
華，「姫路」には姫路城という武器があるが，「東播磨」の名物であ

**図6-3　女性アイドルグループ「HYOGO」とメンバーの「神戸」「姫路」「東播磨」**[1]

---

1）https://www.youtube.com/watch?v=z6FR67NLv7k（最終確認日：2020
　年11月16日）

神戸・姫路と並ぶ兵庫の観光地「東播磨のコマーシャルである」まとめ　⌄
13万 回視聴

**図6-4　動画「神戸・姫路と並ぶ兵庫の観光地「東播磨のコマーシャ
ルである」まとめ」[2]**

る「明石焼き」や「かつめし」では「地味」で「弱い」と言われて
しまう自虐的な設定が含まれている。とはいえ，実際の動画をみる
と，確かにダンスレッスン時に「東播磨」が「明石焼き，かつめし
は弱い！」といわれてしまうシーンや，メンバーの「神戸」や「姫
路」に対して，足を引っ張っていることを詫びるなどのシーンはあ
るものの，全体としては東播磨地域を応援する内容だといえる。し
かし，この動画は現実の明石市長が「明石焼きは全国区」などと抗
議を表明したことによって配信停止となってしまう。ところが本
作は，むしろそのことによって多くの人の注目を集め，再公開され
ることになったのである。2020年11月現在，兵庫県の東播磨県民
局がYouTubeで公開している動画「神戸・姫路と並ぶ兵庫の観光地
「東播磨のコマーシャルである」まとめ」（2018年3月25日公開）の
再生回数は15万回にせまっている。

　そもそも，この動画は「ベタ」には理解できない内容になってい
る。「HYOGO」はアイドルグループとして実際に活動してきたわ

---

2）https://www.youtube.com/watch?v=LxpY7l6JPwk（最終確認日：2020
　年11月16日）

けではなく，「東播磨」ちゃんは小西はるという女優が演じた動画
用のキャラクターである。内容も，アイドルグループに付随する
文化をまったく知らないと意味不明であろう。しかも，その内容が
「自虐」や「残念さ」を売りにしたものなのだ。自虐や残念さとい
っても，ベタに「ダメだ」と非難するものではなく，「自虐が面白い」
「この残念な感じを応援したい」という感情を想起させる，一種の
「遊び」になっている[3]。

　むろん動画の一部シーンには，ベタなメッセージとして「東播磨
は地味で，名産品のブランド力も弱い」というものが含まれていた
ものの，本筋としては，「それを反転し，東播磨を応援しよう」と
いうメッセージが含まれていると解釈できる。だが，そのベタな部
分に反応するかたちで，市長による抗議が惹起されてしまった。こ
の時点で，問題は地方自治体の首長同士の問題となり，もはやプロ
レスでいう「場外乱闘」へと発展してしまったのである。しかし結
果的にいえば，このことが動画に対する大きな宣伝となり，それに
よって「東播磨」ブランドは有名になったともいえる。このように，
メッセージそのものではなく，メッセージに対する評価や，周辺で
起こる出来事の方が前景化してくることもある。

　ここで一点注意しておきたいのは，キャラクターや動画の人気が
でてブランドへの認知が高まったからといって，それがそのまま観
光入込客数に反映されるとは限らない，という点である。今回みて
きた事例は，あくまでキャラクターや動画がどういう経緯で多くの
人々に知られたか，見られたかといった点に限定した分析であるこ

---

3) この「残念」という価値観を肯定的に捉えるあり方については『一〇年
　代文化論』（さやわか，2014）で詳細に論じられているので，そちらを参
　照してもらいたい。近年の「自虐」作品としては 1982 年の漫画作品『翔
　んで埼玉』（魔夜峰央）が映画化され，2019 年に公開されてヒットしたこ
　とが記憶に新しい。

とには注意が必要である。

## ⑥ 結びにかえて

### ✛観光コミュニケーションでなされるメッセージのやりとり

　ここまでブランド論を参照しながら，観光コミュニケーションについて分析し，仕掛ける側が発信するメッセージと，それをめぐって起こる事態がじつに複雑なものであることがわかった。

　さて，ここで冒頭の着物の女性とそれを撮影する男性観光客のエピソードを考えなおしてみよう。もしかすると，先ほどの筆者の分析はまったくの的外れであったかもしれない。じつは，彼／彼女らはSNSなどを通じて，実際の状況をかなり正確に把握しており，かつ，それぞれが「本物ではない」ことを知りながら，それでもなお，いやむしろそれを「ネタ」としてメタな視点で楽しんでいた可能性がみえてくる。それは，ディズニーランドやユニバーサルスタジオなどのテーマパークで，ミッキーやミニオンといったキャラクターが「本物」ではないことを知りながら楽しむようなものである。そのとき，パレードに登場するミッキーやミニオンを見て，「偽物だ！」「着ぐるみだ！」「みんなだまされるな！」などと騒ぎ立てる人はいない。いや，もしかすると，そろそろ逆にこうした「あえてベタなツッコミ」が人気を博すかもしれないが……。

　観光に関わるコミュニケーションは，単に意図したメッセージを伝達するだけの単純なものではない。さまざまな誤解や勘違い，意図した発信，意図せぬ受容，取り組みそのものを評価するようなメタな見方などによる複雑な意味づけ，価値づけがさまざまな水準で行われる総体が「観光コミュニケーション」なのだ。

┌─────────────────────────────────────────┐

●ディスカッションのために

1　観光資源に「本物」，「偽物」は存在するのか，それともコミュニケーションによって観光資源が成立するのか，身近な事例をみて考えてみよう。

2　ブランドの成立にとって「探索財」，「経験財」，「信頼財」のいずれが，いかなる点において重要になるか，本章の記述をふまえて考えてみよう。

3　ブランドをめぐる観光コミュニケーションにおいて，いかなるメッセージが消費者に届きやすいのか。「わざとらしさ」，「ベタ」，「プロレスでいう場外乱闘」などの本章で使われたことばに依拠して考えてみよう。

└─────────────────────────────────────────┘

**【引用・参考文献】**

アーカー，D.／阿久津聡［訳］（2014）．『ブランド論――無形の差別化をつくる20の基本原則』ダイヤモンド社

岩崎達也・小川孔輔［編著］（2017）．『メディアの循環「伝えるメカニズム」』生産性出版

大橋昭一（2013）．『現代の観光とブランド』同文舘出版

岡本　健（2018）．『巡礼ビジネス――ポップカルチャーが観光資産になる時代』KADOKAWA

ケラー，K. L.／恩藏直人［監訳］（2010）．『戦略的ブランド・マネジメント　第3版』東急エージェンシー

佐々木裕一（2018）．『ソーシャルメディア四半世紀――情報資本主義に飲み込まれる時間とコンテンツ』日本経済新聞出版社

さやわか（2014）．『一〇年代文化論』星海社

敷田麻実・内田純一・森重昌之［編著］（2009）．『観光の地域ブランディング――交流によるまちづくりのしくみ』学芸出版社

寺岡伸悟（2014）．「「ご当地」はどこにあるのか――ゆるキャラとB級グルメのコンテクスト」遠藤英樹・寺岡伸悟・堀野正人［編］『観光メディア論』ナカニシヤ出版，pp.185–204.

吉田春生（2016）．『観光マーケティングの現場――ブランド創出の理論と実践』大学教育出版

# 第**7**章

# 中国におけるソーシャル・メディアの現状

## ソーシャル・メディアの利用と，そこから派生する共同性

### 黄碧波

　昨今，中国版 Twitter ともよばれる微博（Weibo）を用いて，日本の芸能人が情報発信をするケースが増えている。2019 年 4 月 7 日付「NEWS ポストセブン」の記事 * によると，「日本では SNS を使用していない有名人が，積極的にウェイボーを活用することもある」と紹介され，その例として木村拓哉や山下智久の名前をあげている。なぜ，日本

**中国のおもなソーシャル・メディア**∗∗

の芸能人による微博での発信が増加しているのか。これに対して，記事は芸能関係者のつぎのようなコメントを紹介している──「やはり中国でのファン獲得を目指す意味合いが強い。7 億人のユーザーのうち 1%に興味を持ってもらうだけで 700 万人のファン獲得になる。その巨大市場は魅力的です」。

　本章では独自のインターネット文化を形成する中国に目を向け，ソーシャル・メディアの利用とそこから派生する共同性について考えていきたい。

---

*https://www.news-postseven.com/archives/20190407_1345887.html（最終確認日：2019 年 8 月 2 日）
**http://www.360doc.com/content/11/0305/23/65724_98500316.shtml（最終確認日：2019 年 8 月 2 日）

# 1 はじめに：中国におけるソーシャル・メディアの分類

　中国のソーシャル・メディアは1999年に創立されたChinaRenに始まるといわれている。その当時，中国のソーシャル・メディアはそのほとんどが国外から持ち込まれたものであったが，2008年以降，NetEase，Tencent，Sinaなどのネット大手会社がミニブログサービスを相次いで開始し，中国発のソーシャル・メディアが大きく発展することとなった。また，近年では「QQ」や「WeChat」などが普及しており，中国国内におけるソーシャル・メディアは百花斉放の様相を呈している。さらに「Weibo」「QQ」「WeChat」などのほか，論壇，放送，ニュース，ひいてはEコマースなどのメディアが口コミ，弾幕[1]の要素を通してソーシャル機能をそなえるに至っている（それらは広い意味では「ソーシャル・メディア」と位置づけることもできよう）。本章では，中国におけるおもなソーシャル・メディアを図7-1のように分類してみたい。

　図7-1にあげたソーシャル・メディアは中国国内ではよく使われており，スマートフォンにこれらのアプリはほぼプリインストールされている。それらは私たちの日常と切っても切り離せない関係となっているが，とくに買い物をするときに有用なのは「Taobao」，すなわちアリババ・グループが設立したオンラインモールである。そのアプリを起動させ，商品の名前を検索すれば，ショップがたくさんでてくる。ユーザーはそのアプリを通じて各ショップの口コミを参照することができるので，それらを参考にしながら買い物を楽しむことができる。ちなみにこのアプリでは，ある商品をすでに購入した人に対して質問することも可能である。

---

1) 弾幕とは動画の画面にコメントが大量に投稿され、画面が埋め尽くされるような状態，また，コメントそのもののことである。

| 通信（チャット型） | 出会い | 論壇（インターネット掲示板） | ニュース |
|---|---|---|---|
| Weibo | Momo | 人人網 | 網易ニュース |
| QQ | 世紀佳縁 | QQ 空間 | 今日頭条 |
| WeChat | 珍愛網 | Baidu 論壇 | Tencent ニュース |

| E コマース | 動画・ライブ | 生活 |
|---|---|---|
| Taobao | bilibili | 美団 |
| JD.COM | YOUKU | Qunar.com |
| 小紅書 | Sohu | 大衆点評 |

図 7-1　中国におけるソーシャル・メディアの分類

　あるいは，中国版のLINE ともいえる「WeChat」[2]も日常生活には欠かせない。悩みや嬉しいことがあったとき，感情を友達と分かち合いたいときに，「WeChat」は現代中国においては存在感のあるコミュニケーションツールになっている。それはLINE と同じように，文字によるコミュニケーションだけではなく音声通話とビデオ通話もできる。また，普段からモーメンツとよばれる，写真や動画，テキストを友人向けに投稿できる機能を利用して，自分の状況を相手と共有することもできる。

　周知のように中国では，「金盾」とよばれるファイアウォールによって，独自のインターネット環境が形成されている。そのために，日本でおなじみのツイッターやインスタグラムなどが使えず，それに代わる中国独自のソーシャル・メディアが普及しているのである。本章では，日本において意外と知られていない中国のソーシャル・メディア環境を紹介するために，その利用とそこから派生する共同性の問題について考察を展開することになる。そのためにまず，中国のソーシャル・メディアに共通の特徴を指摘し，さらにその影響力や役割について解説を加える。そして最後に，それをメディア論的な視点からまとめてみたい。

---

2)「WeChat」は，中国ではとくに存在感を獲得しつつあるアプリである。中国では音声でチャットをする形式が用いられることが多く，手軽にできる「WeChat」は，ユーザーの数が広がり，企業による利用も広がりつつある。また，GPS 機能を利用し，自分の近くにいるユーザーを 10 メートルからの距離表示で把握することもできる。もちろんテキストや写真の投稿機能も有しており，モバイルに特化したサービスとして成功した一例といえる。モバイルでのネット利用が増えるなかで，今後も注目されるソフトであることは間違いない。

## ➋ 中国におけるソーシャル・メディアのおもな特徴

### ✤人間関係の重視

　既存のマスメディアと異なり，インターネットに依存するソーシャル・メディアは人びとに対する巨大な接続能力を有しており，それによって私たちは世界各地のユーザーと繋がることができる。こうした特性にもとづき，ソーシャル・メディアは人間関係を重視したコミュニケーションを実現するメディアとして普及しつつある。中国国内においても「QQ」や「WeChat」などのメディアは，ヴァーチャルな空間のなかで現実世界の人間関係を発展させる。それらは「友達追加」という機能を実装しており，ユーザーのモーメンツの範囲を拡大する。そのほか，「いいね」や「コメント」などの機能によって，友人間のコミュニケーションをコンテンツ化し，娯楽の対象へと変換する機能をもつ。それは「人間関係の重視」を特徴とするメディアなのである。

### ✤口コミの重視

　つづいて指摘したいのは，「口コミ重視」という性格である。もともと，ユーザーは消費者としての性格をそなえていた。しかし近年，各種のソーシャル・メディアに「口コミ」という機能が実装されてから，ユーザーはむしろ発信者，あるいは「インフルエンサー」としての側面をもつようになってきた。

　たとえば，中国における出前サービスを考えてみよう。現在の中国では，多くの飲食店が出前サービスを行なっている。そのなかでも「美団」「百度」「口碑」などの出前サイトは，出前に応じる飲食店を集めた飲食店モールのようなサイトとして人気を博しているが，そこでの配達は各サイト専門の配達員が担当することになる。これらのサービスが非常に便利なのは，自宅にいながらにして，携帯を

利用して即座に注文を実行できる点にある。たとえば「美団」のアプリを利用して料理を注文するとき，各店舗のさまざまな情報を閲覧でき，また，迷ったときにはユーザーが投稿した口コミ情報を参考にすることができる。口コミは，料理の色，味，価格のほか，店のサービス，配達などが評価基準になっている。もちろん良い評価があれば，悪い評価もあるわけだが，より高い評価を獲得するために，店側は工夫を重ねることになる。

### ❖ユーザー情報の重視

　日本でも中国でも同じだが，それぞれのアプリを利用するとき，私たちはそれに先立ってユーザー登録する必要がある。たとえば，はじめて「Taobao」を利用する際，私たちはまず自分の名前，携帯電話番号，メールアドレスなどの個人情報を入力して，登録手続きをとらなければならない。また，利用する際には，自分の買いたいものを探して，商品を選択し表示させる。そして「Taobao」の利用を継続するうちに，ユーザーが関心をもちそうな商品が画面上に並ぶことになる。

　このようなレコメンド機能は重要である。たとえば，筆者はいつも「bilibili」という動画共有サイトを通じて日本のドラマを視聴しているが，ときどき「おすすめ動画」の更新に関する情報が届く。それは筆者の過去の視聴傾向から判定されたものであるが，日本の状況と同様に，それらのレコメンド機能は，ユーザーがコンテンツを選ぶうえでの重要な判断基準を提供するものといえる。

### ❖趣味性の重視

　現在の中国において，ソーシャル・メディアの種類は非常に多く，したがって競争も激しい。ソーシャル・メディアはそれぞれユーザー獲得のため，また，ユーザーによるコミュケーションの活性化の

ため，さまざまな機能を実装する必要がある。「WeChat」の顔文字機能やスタンプ機能は，メッセージのやりとりをより円滑にするための，あるいは，感情表現を付加するための便利な手段として人気がある（それは日本で使われるLINEと同様である）。

さらにいえば現在，「WeChat」にはさまざまなプログラムが追加されている。たとえばゲーム型のプログラムの場合，1人ではなくむしろ仲間内で，2，3人でゲームを楽しむことができるので，多くの若者たちの支持を集めている。あるいは「bilibili」の弾幕機能も，趣味的なコンテンツを介してユーザーたちが感情を共有する手段として有効である。たとえば動画コンテンツを視聴しながら，面白い場面，ロマンチックな場面が登場する際に，「弾幕」とよばれるコメント群が途切れなく画面を覆いつくしていく。これもある意味では，ユーザーによるコミュケーション行為を誘導する仕掛けとして位置づけうるものである。

## ❸ 中国におけるソーシャル・メディアの利用と影響

近年，中国ではインターネットの普及がますます加速しており，利用者数，利用率ともに増加傾向にある。また，経済開放政策を推進する政府においては，国家の発展にあたり，インフラの整備や各種オンラインサービス充実などの情報化をいっそう推し進めている。

2017年1月の段階における中国インターネット情報センター（CNNIC）の発表データによると，2016年12月までにネットユーザーは7.31億人に増加したという。その数はすでにヨーロッパの総人口を超えている。また，中国におけるおもなソーシャル・メディアのユーザー数については，関連資料によると，「WeChat」の登録ユーザーが10.4億人（2018年3月まで），「QQ」の登録ユーザーが7.83億人（2018年5月まで），「Weibo」の登録ユーザーが4億

人（2018 年 8 月まで）に達しているという。

　しかしその一方で，利用者が減少傾向にあるサービスもある。た
とえば「人人網」はかつて「同校生」「誕生日記録」「個人アルバム」
などの機能によって，学生たちのあいだで流行っていたが，ここ数
年，革新的な機能を新たに提供できておらず，また，競合するソー
シャル・メディアが発展していることもあって，ユーザー数を減ら
している。これに対して「QQ」や「WeChat」などは，時代およ
びユーザーのニーズにあわせ，内容や機能を更新しつつあり，あい
かわらず人気を博している。たとえば，社会のキャッシュレス化に
応じて，「QQ 財布」「WeChat 財布」などが相次いで機能として追
加されている。それらを通して，ユーザーたちは現金という形を介
すことなく支払いや振替をすることができる。また両者においては
「お年玉」機能も相次いで開発されている。これは，たとえば新年
のときに，友達に「お年玉」をプレゼントできるだけではなく，友
達とともに「お年玉の奪いあい」ゲームを楽しむことができる機能
である。


### ❖利用者の諸類型と利用分野への影響

　中国におけるソーシャル・メディアの利用者とその傾向を理解す
るために，利用の動機と行動をもとにして表 7-1 のような分類を提
示してみたい。

　ソーシャル・メディアを用いてユーザーとの関係を構築できる企
業には，中国社会において大きなチャンスが広がっている。また，
ビジネスに直接関係のない世界でも，ソーシャル・メディアの影響
は新しい領域に及んでいる。表 7-2 に，いくつかの分野への影響を
取り上げておこう。

　表 7-2 にあげる「政治・法律」「医療」「経済・経営」といった分
野以外でも，ソーシャル・メディアの影響は広く社会的次元・文化

**表 7-1　中国におけるソーシャル・メディア利用者の分類**

| | |
|---|---|
| 社交型 | 人間関係の維持と構築に多くの時間をかける。この型のユーザーは日常生活でソーシャル・メディアを利用して，多くの友人との関係構築とその維持に多大な関心を払っている層である。仕事が多忙で友達と実際に話す機会は少ないが，「QQ」や「WeChat」などを使って，頻繁に友人たちとやりとりする。また，友人たちによる更新内容に関心をもち，それに対してコメントや顔文字を付ける。 |
| シェア型 | オリジナルな内容を投稿することはないが，笑い話などの内容を積極的にシェアすることを好む。この型のユーザーは自分の人気を集めるために，面白い話題や内容を転送して，ファンを獲得する。かれらは「ネット有名人」とよばれ，たくさんのファンをもっている。 |
| 閲覧型 | ただ内容を見るだけで，個人的な意見やアドバイスなどはいっさい発信しない。この型のユーザーはソーシャル・メディアの利用に多くの時間をかけるが，そのほとんどを他のユーザーによる発信の閲覧に費やしている。毎日ニュースやビデオなどを見ているが，評論，弾幕などの活動には参加しない。友達もたくさんいるが，日常生活であまり交流は行わない。 |
| 意見発表型 | 自分の考え，意見，評論などをよく投稿する。友達の投稿した内容を見ると，コメントをつける。動画を見ているとき，面白い場面が登場すると，弾幕やコメントをつける。買ったものの使用経験などを，各メディアを用いて積極的にフィードバックする。 |
| 体験型 | 友達，家族の勧めで，各ソーシャル・メディアに登録したが，利用率はあまり高くない。時間が経つにつれて，参加頻度も減少していく傾向にある。 |

的次元に及んでいる。第一に，ソーシャル・メディアはネット文化を発展させることができる。ユーザー生成コンテンツの増大により，情報資源が適正に配置・利用されるようになり，ユーザーの積極性や利便性がさらに促進されると考えられる。第二に，ソーシャル・メディアによってネット文化と伝統文化の融合が促進される。実際に中国でも，ソーシャル・メディアやインターネットの影響により伝統文化の転換がはかられる事例が散見される。たとえば先日も，美食をテーマとする中国のドキュメンタリー番組「舌尖上的中国」（「舌の上で味わう中国」）が伝統的な中華鍋「章丘鉄鍋」を紹介した

表7-2　中国におけるソーシャル・メディア利用分野への影響

| | |
|---|---|
| 「政治・法律」分野 | ソーシャル・メディアの影響が浸透することによって，その民意反映の手段としての政治的役割が大きくなっている。とくに最近では，ソーシャル・メディアによる政治的議論への参加が可能になりつつある。たとえば，いわゆる「二人っ子制度」が確立される前に，「人人網」がコラムを開設して投票を実施した。政府はソーシャル・メディアを利用し，アンケート調査や意見募集などを行い，公民の意見を聞くことで合理的な政策決定へと結びつけている。 |
| 「医療」分野 | 医療にもソーシャル・メディアの波が押し寄せ，利用者である患者の声を聞く手段として存在感を増しつつある。現在のところ，中国の医療分野で活用されるソーシャル・メディアとして，おもに「丁香園」「医脈通」「医学論壇網」などをあげることができる。実際に300万を超える医学，薬学，生命科学の専門家が「丁香園」に集まっている。ユーザーはこれを通してコミュケーションを行い，最新の臨床治療方法を知り，医療知識に関するファイルおよび動画をダウンロードすることができる。 |
| 「経済・経営」分野 | ソーシャル・メディアのコンテンツ化に際して大きな影響力を果たしているのが，共感意識を創り出すブロガーの存在である。とくに若者たちが中心となる市場では，「あの人」が言った，買った，持っている，愛用していることへの共感が購買の動機となるケースが目立っている。そのため，「ネット有名人」はいつもブランドの代弁者として需要がある。また，今の中国では「インターネット＋」[3] とよばれる国家戦略が大きな流行をみせている。「インターネット＋」はインターネットにもとづき，伝統産業を新たな姿で発展させていく，という目標のもとで推進されている。たとえば，それをもとにした「微商」という概念は，「WeChat」を用いたビジネスを指す。いろいろな製品，たとえば化粧品の情報を「WeChat」を通して身近な友達に宣伝し，売買する。これは，ここ数年のあいだに登場した新しいビジネスモデルだと考えられる。今日，中国国内で「微商」を経営している者は5000万人を超えているという。 |

　ことにより，その魅力がソーシャル・メディアの影響も加わって全国へと波及し，「Taobao」でも売り切れ状態になった。伝統的に使用されてきた「章丘鉄鍋」は，マスコミやネット文化の影響のもとで新たな食文化を担う道具として認知されるようになったのである。

---

3) 「インターネット＋」が産業融合を推進する分野は11種あげられる。

# ❹ 結びにかえて

　中国において，ソーシャル・メディアは急速なスピードで発展を遂げつつある。それらは人間関係，口コミ，ユーザーの情報，趣味性などの特性を基盤として支持を集め，人びとのコンテンツ選択や商品選択に多大な影響を及ぼしている。そして間違いなく，それは中国の社会や国内を組み替える大きな原動力になりつつある。

　中国では，とくに 2012 年の半ば頃から若者のスマートフォンユーザーが増加したことにより，モバイル向けの無料通話・チャット等のアプリが多数開発され，人びとによって利用されていった。今後はソーシャル・メディアをはじめ，インターネットにおける各サービスの利用はモバイルが中心になると予測されるが，その背景にはPC 利用にかかるコスト面での負担感と，農村地域におけるインフラの問題が介在している。

　かつてマーシャル・マクルーハンは 1962 年の著書『グーテンベルクの銀河系』において「グローバル・ヴィレッジ」（global village, 地球村）という概念を提起した。すなわちテレビなどの電子メディアによって時間的／空間的な障壁が取り払われ，地球が一つの村へと変貌する，というイメージである。むろんその後，彼の予言が的中したかというと，必ずしもそうとは思われない。

　序論でも言及したが，中国では「金盾」とよばれるファイアウォールによって，独自のインターネット環境が形成されている。そのために日本でおなじみのツイッターやインスタグラムなどが使えず，それに代わる中国独自のソーシャル・メディアが普及している。現代の技術的環境は，新たなデジタルメディア／ソーシャル・メディアの登場を可能にしたわけだが，中国ではそれ以外の国々と類似しつつも相互に自律したかたちで，独自のメディア生態系が確立されつつあるのだ。

●ディスカッションのために
1 図7-1の筆者の分類にしたがって，日本で用いられているソーシャル・メディアを分類してみよう。
2 自分をソーシャル・メディアの利用者として考えた場合，「シェア」，「閲覧」，「意見発表」，「体験」などのいずれの側面が強いか，話し合ってみよう。
3 ターゲット内容とサービスの相違の視点から，大学生をターゲットとしたソーシャル・メディアが提供するとよいサービスにはどのようなものがあるだろうか？

**【引用・参考文献】**

マクルーハン, M. ／高儀　進［訳］(1968).『グーテンベルクの銀河系』竹内書店（McLuhan, M. (1962). *The Gutenberg galaxy: The making of typographic man.* Routledge & Kegan Paul.）

迟林晨（2012).「社交网络的广告传播模式」『新闻界』*2012*(20), 57–60.

黄璜（2012).「社交网络媒体发展的驱动力」『新闻爱好者』*2012*(22), 18–19.

杨玲（2013).「中国社交媒体内容与功能分析——以QQ空间为例」武汉理工大学硕士论文, 75.

徐心冉（2016).「浅谈社交媒体——以人人网为例」『科技与创新』*2016*(13), 25.

吴江秋・陈静瑜（2017).「社交媒体发展综述」『哈尔滨师范大学社会科学学报』*2017*(6), 140–142.

张宁宁（2016).「社交媒体的四大特点」『新闻研究』*2016*(15), 212.

姚又华（2017).「社交媒体用户行为研究」『新闻研究』*2017*(7), 28–31.

**第Ⅲ部** 「コミュニケーション」と
「レトリック」から考える
メッセージ産出

　第Ⅲ部では「「コミュニケーション」と「レトリック」から考えるメッセージ産出」とのタイトルのもとで，おもにレトリック研究の視座に依拠しながら，社会におけるメッセージの位置に目を向けていくことになる。

　まず，第8章の「批判的レトリックとメッセージ産出──レトリック的介入と身体性」（師岡淳也）では，レイミー・マケローが1989年に発表した論文「批判的レトリック──理論と実践」を起点として，その後のレトリック批評の動向をいくつか紹介しながら，また，「介入」や「パフォーマンス」といった視点を導入しながら，社会に対してレトリック研究が果たしうる役割を描き出していくことになる。

　続く，第9章の「ゲームの意味とメッセージ──近代日本における囲碁とナショナリズム」（ダグラス・シュールズ）では，レトリック的な視点に依拠しながら，また，ゲームを構造化する規則の解釈が歴史的に変容する点に注目しながら，近世初期の日本における囲碁を分析の俎上に載せていくことになる。そのためにミシェル・フーコーの「言説」概念を導入するなどしながら，明治，大正，昭和初期に日本語と英語で書かれた文献を取り上げ，日本による西洋の機関と制度の流用が，日本人のアイデンティティと文化的差異化に関する語りに対して，いかに影響を及ぼしたのかを考察する。

　さらに，第10章の「社会実践としてのディベート──教育ディベートと社会との接点」（田島慎朗）では，参加者のコミュケーションスキルの向上を目的とする教育ディベートを取り上げることになる。もともとは「ディベートは公共善に資すべき」との考え方にもとづいて遂行されていたディベートが，近年ではますます多様化しつつあり，あらためてその意義が活発に議論されつつある。本章では昨今のこうした議論や多様化したディベートのいくつかを紹介しながら，「社会実践としてのディベート」がもちうる意義を再考していくことになる。

　最後に第11章の「現代メディア環境と公的メッセージ──「保育園落ちた日本死ね！！！」がわれわれに投げかける挑戦をめぐって」（小西卓三）では，汎用的とされる既存のコミュニケーションモデルの限界を確認したうえで，メディアイベント化した「保育園落ちた日本死ね！！！」というメッセージを分析の俎上に載せつつ，コミュケーション学のアップデートに向けたいくつかの論点を示していくことになる。

# 第8章

# 批判的レトリックとメッセージ産出

## レトリック的介入と身体性

師岡淳也

レトリック批評は米国で 1920 年代に「演説が目の前の聴衆に与える説得効果」を分析する演説批評として確立された。その後，メディア環境や社会状況の変化を受けて，1960 年代に象徴の説得的使用全般に分析対象が広がるとともに，レトリック批評の手法も多様化し，現在に至るまで米国のレトリック研究の中核をなしている。一方，日本ではレトリック批評はほとんど知られておらず，批判的言説分析やカルチュラル・スタディーズの流れをくむメディア研究など，批判的アプローチを用いたテクスト分析が注目されるなかでも，その存在は埋もれたままである。しかしながら，おもに公的な場面における説得の研究として 1 世紀近くにわたる歴史をもつレトリック批評は，メッセージの産出・変容・影響のあり方を理解するうえで有益な視座を提供してくれる。

# 1 はじめに

　章扉で記したように，レトリック批評は 1920 年代の米国において，演説批評として確立された。当初より演説の社会的影響力の低下は認識されていたものの（Wichelns, 1925/66），分析対象が象徴の説得的使用全般に広がるのは 1960 年代のことである。その背景にはケネス・バークの象徴行動論の影響やメディア環境の変化などがあるが，見逃せないのは当時の激動する社会状況である。「街頭のレトリック（The rhetoric of the streets）」という論文（Haiman, 1967）の題名に象徴されるように，レトリック研究者は公民権運動や反戦運動などの高まりを受け，「普通の人たち」が社会を大きく動かすメッセージの送り手になりうることに気づかされただけでなく，演説や対話といった手段では影響力を行使できない人たちの存在を見落としてきたことに対して反省を迫られたのである。1960 年代のレトリック研究の象徴的転回は，集団行進，座り込み，徴兵カードの焼き捨てといった直接行動による訴えを「過激」「暴力的」「反社会的」と切り捨てずにレトリック行為として理解し，評価するための理論や方法を発展させる試みでもあったのだ。

　本章では，レイミー・マケロー（Raymie McKerrow）が 1989 年に発表した論文「批判的レトリック——理論と実践（Critical rhetoric: Theory and praxis）」を起点として，その後のレトリック批評の動向をいくつか紹介しながら，本書全体のテーマである「メッセージ」「メディア」「コミュニケーション」の関係性を考えていくことにしたい（レトリック批評の歴史については，鈴木・岡部（2009）や柿田（2011a, 2011b）を参照）。

## 2　レトリック批評と（しての）批判的レトリック──

　批判的レトリック（critical rhetoric）は，レトリック批評（rhetorical criticism）の語順を逆さまにした用語である。「レトリック」を形容詞ではなく名詞として用いることで，レトリック批評が，単にレトリックを対象とした批評ではなく，それ自体がレトリック行為であることを強調しているのである。しかし，レトリックに「修辞学」という訳語があるように，書く行為にレトリック的側面があるのは当然のことである。それにもかかわらず，レトリック批評がレトリック行為であることをわざわざ強調するのはなぜか。その理由の一つは，批判的レトリックはテクストを創造する行為をともなうということである。情報化時代といわれて久しい現代社会において，私たちは一つの演説ではなく，日々のニュース，雑誌記事，周囲との会話などを通して自らの意見を形成する。批判的レトリックの実践は，こうした無数のメッセージの断片をつなぎあわせて，一定の秩序によって編成されたテクストを創り出すことからはじまる。たとえば，米国における「戦争のレトリック」というテーマであれば，特定の開戦演説ではなく，開戦を訴える政治家の主張，軍事作戦の「成功」を映し出すテレビ報道，戦争支持を表明する読者投稿といったメッセージの断片をつむいでいくことで，米国で歴史的，社会的に編成されてきた「戦争を正当化する言説」を構築する作業が求められるのである。

　また，批判的レトリックを含むレトリック批評は，特定の立場からの主張をともなうという点でもレトリック行為である。ロバート・アイビー（Robert Ivie）は，伝統的なレトリック批評が演説の説得効果の評価に終始することで，結果として戦争の必要性を主張する権力者の立場に加担してきたと指摘する（Ivie, 1994: 154）。開戦演説は，少なくとも短期的には政権支持率の上昇につながること

が多いからだ。伝統的なレトリック批評とは反対に，批判的レトリックは社会変化のための実践を標榜している。そのために必要となるのは，批評家が自らの主張を論証するだけでなく，さまざまな手段を用いて主張に説得力をもたせ，読み手の態度や行動に影響を及ぼすことである。その意味で，批判的レトリックはレトリック研究の知見にもとづきながら社会問題に介入することを目指した一種のパフォーマンスともいえる。

　批判的レトリックを特徴づけるのは，「支配の批評」と「自由の批評」の再帰的な批評である。支配の批評は「抑圧する力からの自由（*freedom from* powers of oppression）」（McKerrow, 1991: 75）を目的とする。「支配」や「抑圧」というと物々しく聞こえるが，要は政治的な力をもち，財力があり，社会的に高い地位にいる人の方が，公の場での発言機会が多いだけでなく，発言が注目され，影響を与える可能性が高いということである。中河・永井（1993: 10）は，レトリックを「他者を説得し，納得させるための言語的な資源」としているが，その資源は平等に配分されているわけではない。たしかに，ソーシャル・メディアの普及により，多くの人が容易にメッセージを発信できるようになったが，その発言の影響力となると話は別である。たとえメッセージが注目を浴びたとしても，それが好意的に受けとめられるとは限らない。安全保障関連法案への反対を訴える街宣デモや抗議行動を行なってきた SEALDs（Students Emergency Action for Liberal Democracy）のメンバーが振り返るように，政治問題について声高に主張をする若者は激しいバッシングや中傷のターゲットになりやすい[1]。そこには，特定の個人への憎

---

1)「上野千鶴子（社会学者）×福田和香子，奥田愛基，牛田悦正（SEALDs）対話」（2016, at プラス――思想と活動）〈http://www.ohtabooks.com/at-plus/entry/12674/（最終確認日：2020 年 11 月 5 日）〉

しみや反発だけではなく，若者を「問題化」し，「政治や社会的な方向に対して，自身の苦境をバネにして，社会変革を働きかける力をそ」ぐ（羽渕, 2008: x）構造的な力が働いているのである。支配の批評は，こうした権力作用に介入することを目指す。

　社会変革を削ぐ力への介入は自由の批評の基調をなす考えでもある。自由の批評といっても，自由を否定しているわけではなく，「今とは異なる力関係を追求する自由（*freedom to* pursue other power relations）」（McKerrow, 1991: 75）を担保することを目的としている。つまり，批判的レトリックの狙いは，支配と自由の絶えざる批評の連環を通して，社会変化を妨げる言説に介入し，新たな思考や行動の可能性について語るための言説空間を切り開くことにあるのだ。「戦争のレトリック」の例に戻ると，批判的レトリックは，戦争の正当性を自明視することで，異論を「非現実的」として沈黙に追いやったり，「敵」の非人道性を煽ることで，外交的解決の可能性を閉ざしてしまったりする言説を批判的に分析することを通して，「アメリカの戦争文化のレトリック的基盤」（Ivie & Giner, 2015: 1）に介入することを目指しているのである。

　批判的レトリックは批評の「志向（orientation）」であり，具体的な分析手順や事例が意図的に示されていないこともあり，後の研究に与えた影響を特定することは難しいが，論文が大きな反響をよび，レトリック批評の意義やあり方をめぐる議論を促す契機の一つとなったことは確かである（Blair, 2001）。そこで，次節以降では，批判的レトリック論において重要な位置づけを占める「介入」や「パフォーマンス」といった概念を中心に，1990 年代以降のレトリック批評の動向をいくつかたどることにしたい。

# ③ 身体化されたパフォーマンスとしてのレトリック

　レトリック研究は伝統的に「ことばを通しての説得の研究領域」（岡部, 2009: 11）と考えられてきたが，1950年代より視覚に訴える説得（ビジュアル・レトリック）の重要性が認識され，現在に至るまで盛んに研究が行なわれている。その一方で，ビジュアル・レトリック研究は文字どおり視覚を特権化しており，その傾向はメディアを介したビジュアル・レトリックの分析に顕著にあらわれる。そうした傾向に対して，レトリックを多感覚的経験と捉え，それを批評に反映させようとする試みもある。その代表例が，「参与型批判的レトリック（participatory critical rhetoric）」（Middleton, et al., 2015）と称されるフィールドワークの技法を取り入れたレトリック批評である。参与型批判的レトリックは，批判的レトリックの志向を受け継ぎつつも，メディアにおけるテクストの断片ではなく，特定の場所で起こる身体化されたパフォーマンスとしてのレトリックに注目する。

　参与型批判的レトリックの先鞭をつけたのが，フェイドラ・ペズーロ（Phaedra Pezzullo）による有害物質ツアー（toxic tours）の研究である。ペズーロは，環境汚染に苦しむ地域を実際に訪れることで，環境不正義の問題を体感することを目的とした有害物質ツアーを「身体化された抵抗のレトリック（embodied rhetorics of resistance）」（Pezzullo, 2007: 3）と位置づける。たとえば，ルイジアナ州で催行された有害物質バスツアーで参加者は石油会社の化学工場が隣接する地域を訪れる。そこで登壇した女性の一人は，地元住民がガンや呼吸器疾患，学習障害といった問題に苦しんでいること，それにもかかわらず石油会社は工場から排出される大気汚染物質との因果関係を認めていないことを訴える。そのため，地元住民は健康上の問題や不安をかかえながらその地域に暮らし続けるか，工場

周辺の緑化推進を名目とした再定住支援プログラムを受け入れて，自発的に引っ越しをするかの二択を迫られている。そのように主張することで，女性は環境への配慮を装いながら，住民の健康よりも自社の利益を優先させる石油会社の姿勢を糾弾する。ツアー参加者はそうした女性の訴えに共感を示すが，化学工場から排出される有害物質は目に見えないため，大気汚染の問題を実感しにくい。そこで，ペズーロが注目するのは，悪臭を訴え，息苦しさに耐えかねて，バスに戻ろうとする別の参加者との会話である。ペズーロ自身は臭いを感じ取れず，その悪臭や息苦しさが有害物質によるものかも断定できないが，そうした参加者の姿を見たり，会話を通して彼女がガンに罹患し，地元で環境正義運動に取り組んでいることを知ったりすることで，大気汚染物質に囲まれて暮らす住民の苦しみへの想像力を獲得していく。このように有害物質ツアーは多感覚的経験であり，ペズーロは自身を含む参加者が身体や感覚を通して得た経験を批評に取り込むことを試みている。

　また，「嗅ぐ」だけでなく，「触れる」ことも他者に影響を与えるレトリカルな行為になりうる。説得の手法は，一般的に話し手の信頼性を源泉とするエトス，聴衆の感情に訴えるパトス，論証にもとづくロゴスに分類されるが，従来，効果的な説得メッセージの産出者は健常者であることが自明視されがちであった。たとえば，多くのスピーチの教科書は，話す内容に合わせて自在に身体を動かせる話し手を理想化している。また，障害者は「憐れみ」「同情」「感動」といった特定の感情と結びつけられやすいため，その他の感情に訴えることが健常者と比べて困難なことがある。こうした健常者主義に抗して，シャノン・ウォルターズ（Shannon Walters）は，障害者による「触覚」のレトリカルな使用に着目しながら，エトス，パトス，ロゴスを送り手の能力ではなく，送り手と受け手の「感情的，論理的，人格的なつながり」として捉えなおそうとしている。同じよう

に，自身も脳性まひをかかえる熊谷（2010: 63）は，介助者に身を
委ねるだけでは介助という行為は成立しないと指摘する。介助され
る側は，介助者の身体運動を観察し，身体を通した交渉を繰り返す
ことで，「触れるように触れられる工夫」を身につけ，お互いに対す
る信頼（エトス）を築いていくのだ。このように「触れる」という
身体的なつながりは，相手を変え，自らも変わるレトリック行為に
なりうるのである。

## ④ レトリック的介入としてのパフォーマンス———

　批判的レトリックにおけるテクストの断片化は，現代社会におけ
る情報量の増大だけでなく「文化の断片化」を前提とした議論で
ある（McGee, 1990）。文化の断片化は，批判的レトリック論文が発
表された 1980 年代後半よりも，現在においてよりリアリティをも
つように思われる。メディアの多様化，インターネットによる公的
言説空間の変容，ソーシャル・メディアの普及が進むなか，自らの
考えや価値観が近い者同士がつながり，見たくない情報から目を背
けることが容易になっているからだ。閉じたコミュニティ内でのや
り取りが繰り返されることで，特定の見解や情報が増幅，強化され
ていくエコーチェンバー現象が社会問題となるなか，自分とは意見
が異なる他者にメッセージを届け，影響を及ぼすことが以前よりも
難しくなっている。たとえば，私たちの社会は「普通」の異性愛を
正しいとし，それ以外の性のあり方を間違っているとする異性愛規
範（森山, 2017: 148）に満ちている。テレビのバラエティ番組で男性
同士がキスをするシーンが時折みられるが，それはウケを狙った道
化であり，お互いが異性愛者であることが暗黙の前提となってい
る。2018 年には男性同士の恋愛模様を描いたテレビドラマ『おっ
さんずラブ』が話題をよんだが，深夜に放送される番組の視聴者は

もともと内容に関心がある人に限られている。チャールズ・モリス（Charles Morris）とジョン・スループ（John Sloop）が指摘するように，セクシャルマイノリティの可視化を安易に賞賛するのではなく，可視化をめぐる政治性に目を向ける必要があるのだ。モリスとスループが注目するのは，男性同士が公共の場でキスをしたり，男性間のキスを映しだしたポスターを掲示したり，Ｔシャツを着て歩いたりするような「パブリックキス」がもつ抵抗のパフォーマンスとしての可能性である（Morris & Sloop, 2006）。パブリックキスの狙いは，半ば不意打ちに通行人にキスシーンを見せつけることである。パブリックキスに対する通行人の反応は予測できない。しかし，思わず目を背けた人は「異性同士のキスとは異なる反応をした」自身の行為を振り返り，嫌悪感を抱いた人は自らがもつ同性愛者への偏見に向き合うことを強いられる。何よりも，日頃メディアで目にすることの少ない男性間のキスは印象に残る行為であり，目撃した人にさまざまな情動的応答を要求する。モリスとスループは，戦略的に通行人の視線に入れるパブリックキスに，異性愛規範への介入としてのレトリックの意義を見出しているのである。

　サンフランシスコ市内を徒歩で移動する有害物質ツアー "Stop Cancer Where It Starts" もレトリック的介入の一例といえるだろう（Pezzullo, 2007）。全米乳がん啓発月間にあたる 10 月に実施される Stop Cancer Where It Starts の狙いは，乳がんの早期発見と治療の大切さを訴える同キャンペーンに対して，予防の重要性に焦点をあてた対抗言説を提示することにある。とりわけ，ツアー・ガイドや各訪問地でのスピーカーは，全米乳がん啓発月間開始当初からのスポンサーである製薬会社が発がん物質を含む除草剤や乳がん治療薬の販売で莫大な利益を得ていることを指摘し，乳がん撲滅を謳いながら予防面には注力しないキャンペーンの不作為を批判する。ガイドやスピーカーが話している間，参加者も黙って聞いてい

るわけではなく，スピーチへの拍手喝采，企業へのブーイング，ツアー名の連呼など，さまざまな応答をする。移動中も参加者は環境正義を求めるプラカードや右胸が切除された巨大な女性の人形などを掲げながら，大勢の人や車で賑わう昼間の市街地を練り歩く。このように集団で歩く行為自体がメッセージとなって，歩行者，車の運転手，建物内で働く人たち，そして糾弾されている企業に送り届けられるのである。また，ペズーロが参加したツアーではエネルギー会社の前が集合場所となっていたが，出発前に車から降りた女性が警備にあたる警察官に向かっておもむろにシャツを下ろし，乳がんの手術で切断した右胸をあらわにする。それは，汚染物質を排出し続けるエネルギー会社への抗議であると同時に，ツアーの趣旨への賛同の意思表示であり，道行く人びとに乳がん予防の大切さを訴える行為でもある。このように，ツアーのメッセージは参加者同士のやりとりを通して生まれるだけでなく，参加者以外の人たちも巻き込みながら，刻々と変化していく。コミュニケーション・モデルは，送り手，受け手，メッセージ，文脈といった要素を固定的に捉えがちである。しかし，ジェニー・エドバウアー（Jenny Edbauer）が「レトリック的生態系（rhetorical ecologies）」（Edbauer, 2005）と形容するように，参加者，場所，モノなどさまざまな要素が有機的に結びつくことでメッセージは生まれ，拡散し，変化していく。さらに，そうしたダイナミックな相互作用を通してコミュニケーションが起こる環境自体も変容していくのである。

## 5 結びにかえて

　本章では，レイミー・マケローの「批判的レトリック」論文を起点として，その後のレトリック批評の研究動向をいくつか紹介してきた。冒頭で述べたとおり，日本には批判的アプローチを含むさま

ざまな質的テクスト分析法がすでに存在する。そうしたなかで，批判的レトリックを取り上げることは，屋上に屋を架すような無駄な行為ではないかと思う人もいるかもしれない。そうした疑問への回答の一つとして，レトリック研究と教育実践の密接な結びつきを指摘することで，本章を締めくくることにしたい。

　米国の大学においてレトリックは主に作文やスピーチ科目のなかで教えられているが，こうした授業では効果的に話したり書いたりするための技法としてレトリックを学ぶだけでなく，市民的関与（civic engagement）の手段としてレトリックが教えられることが多い。たとえば，*Rhetorical public speaking: Civic engagement in the digital age* という教科書は，スピーチを「レトリック的介入」の手段として位置づけ，読者が一人の市民として公共的な問題に積極的に関与することの重要性を訴えている（Crick, 2017: xi）。クリスチャン・ワイザー（Christian Weisser）も，作文の授業空間を公共圏と捉え，学生が書くことを通して社会的・政治的に関わることを重視している（Weisser, 2002）。このように，レトリック研究と社会的実践のつながりが最も顕在化するのが教室空間なのである（Nothstine, et al., 1994: 42）。

　一方，日本のスピーチ教育やコミュニケーション教育は「学習者個人の知識と技能を向上させることに主眼が置かれ」（板場, 2011: 240），「人びとを説得し，社会を変え，さらには国をも動かすことばの力としてのレトリックという視点」（青沼, 2018: 51）が希薄である[2]。こうした傾向は，戦後日本の教育が長年にわたって政治と切

---

2) もっとも，米国のスピーチの授業も，本章で概括してきたようなメディア環境の変化や説得手段の多様化に十分に適応しているとは言いがたい（小西, 2017）。また，科目の開講学部が異なることもあり，メディア制作の授業にビジュアル・レトリック研究の知見がほとんど活かされていないのが現状である（Ott & Dickinson, 2009: 402）。

り離されてきたこととも無関係ではないだろう。小玉（2016: 2）によると，日本では1990年代以降「教育が再政治化し公共性が復権する可能性が胎動」しているという。とりわけ選挙権の18歳引き下げにともない，教育と政治の関係性を問い直す機運が高まるなか（小玉, 2016），スピーチ教育やコミュニケーション教育のあり方を考えるうえで，支配と自由の批評を基軸とし，社会変化のための実践を標榜する批判的レトリックは有益な知見を与えてくれるだろう。

◉ディスカッションのために
1　批判的レトリックは，いかにして新たな思考や行動の可能性について語るための言説空間を切り開くのか。「支配の批評」と「自由の批評」というキーワードを用いてまとめてみよう。
2　ことば以外の感覚経験はいかなる点においてレトリカルな行為になりうるのか，話し合ってみよう。
3　教室内で行なったプレゼンテーションやスピーチを，どのようにして市民的関与の手段として活用できるのか，話し合ってみよう。

**【引用・参考文献】**
青沼　智（2018）.「「旧修辞学」の復権──話芸の伝統，グレコ・ローマンの伝統」青沼　智・池田理知子・平野順也［編］『メディア・レトリック論──文化・政治・コミュニケーション』ナカニシヤ出版, pp.45-56.
板場良久（2011）.「レトリックとペダゴジー」日本コミュニケーション学会［編］『現代日本のコミュニケーション研究──日本コミュニケーション学の足跡と展望』三修社, pp.237-246.
岡部朗一（2009）.「なぜレトリック批評をするのか」鈴木　健・岡部朗一［編］『説得コミュニケーション論を学ぶ人のために』世界思想社, pp.11-38.
柿田秀樹（2011a）.「1980年代までの現代レトリック批評」日本コミュニケーション学会［編］『現代日本のコミュニケーション研究──日本コミュニケーション学の足跡と展望』三修社, pp.203-215.
柿田秀樹（2011b）.「1990年代以降の現代レトリック批評」日本コミュニケ

ーション学会［編］『現代日本のコミュニケーション研究——日本コミュニケーション学の足跡と展望』三修社，pp.216-224.

熊谷晋一郎（2010）．「つながりすぎる身体の苦しみ」綾屋紗月・熊谷晋一郎『つながりの作法——同じでもなく違うでもなく』日本放送出版協会，pp.43-70.

小玉重夫（2016）．『教育政治学を拓く——18歳選挙権の時代を見すえて』勁草書房

小西卓三（2017）．「パブリック・スピーキングとメディア社会——『アメリカの大学生が学んでいる「伝え方」の教科書』を起点に」遠藤英樹・松本健太郎・江藤茂博［編］『メディア文化論——想像力の現在』（第2版）ナカニシヤ出版，pp.117-132.

鈴木　健・岡部朗一［編］（2009）．『説得コミュニケーション論を学ぶ人のために』世界思想社

中河伸俊・永井良和［編］（1993）．『子どもというレトリック——無垢の誘惑』青弓社

羽渕一代［編］（2008）．『どこか〈問題化〉される若者たち』恒星社厚生閣

森山至貴（2017）．『LGBT を読みとく——クィア・スタディーズ入門』筑摩書房

Blair, C. (2001). Reflections on criticism and bodies: Parables from public places. *Western Journal of Communication, 65*(3), 271–294.

Crick, N. (2017). *Rhetorical public speaking: Civic engagement in the digital age* (3rd ed.). Oxon and New York: Routledge.

Edbauer, J. (2005). Unframing models of public distribution: From rhetorical situation to rhetorical ecologies. *Rhetoric Society Quarterly, 35*(4), 5–24.

Haiman, F. S. (1967). The rhetoric of the streets: Some legal and ethical considerations. *Quarterly Journal of Speech, 53*(2), 99–114.

Ivie, R. L. (1994). The metaphor of force in prowar discourse: Commentary. In W. L. Nothstine, C. Blair, & G. A. Copeland (eds.), *Critical questions: Invention, creativity, and the criticism of discourse and media.* New York: St. Martin's Press. pp.259–263.

Ivie, R. L., & Giner, O. (2015). *Hunt the devil: A demonology of US war culture.* Tuscaloosa, AL: University of Alabama Press.

McGee, M. C. (1990). Text, context, and the fragmentation of contemporary culture. *Western Journal of Speech Communication, 54*(3), 274–289.

McKerrow, R. E. (1989). Critical rhetoric: Theory and praxis.

*Communication Monographs, 56*(2), 91–111.

McKerrow, R. E. (1991). Critical rhetoric in a postmodern world. *Quarterly Journal of Speech, 77*(1), 75–78.

Middleton, M., Hess, A., Endres, D., & Senda-Cook, S. (2015). *Participatory critical rhetoric: Theoretical and methodological foundations for studying rhetoric in situ.* Lanham, MD: Lexington Books.

Morris, C. E. III, & Sloop, J. M. (2006). "What lips these lips have kissed": Refiguring the politics of queer public kissing. *Communication and Critical/Cultural Studies, 3*(1), 1–26.

Nothstine, W. L., Blair, C., & Copeland, G. A. (1994). Professionalization and the eclipse of critical invention. In W. L. Nothstine, C. Blair, & G. A. Copeland (eds.), *Critical questions: Invention, creativity, and the criticism of discourse and media.* New York: St. Martin's Press. pp.15–70.

Ott, B. L., & Dickinson, G. (2009). Visual rhetoric and/as critical pedagogy. In A. A. Lunsford, K. H. Wilson, & R. A. Eberly (eds.), *The SAGE handbook of rhetorical studies.* Thousand Oaks, CA: SAGE. pp.391–405.

Pezzullo, P. C. (2007). *Toxic tourism: Rhetorics of pollution, travel, and environmental justice.* Tuscaloosa, AL: University of Alabama Press.

Walters, S. (2014). *Rhetorical touch: Disability, identification, haptics.* Columbia, SC: University of South Carolina Press.

Weisser, C. R. (2002). *Moving beyond academic discourse: Composition studies and the public sphere.* Carbondale, IL: Southern Illinois University Press.

Wichelns, H. A. (1966). The literary criticism of oratory (1925), reprinted In D. C. Bryant (ed.), *The rhetorical idiom: Essays in rhetoric, oratory, language, and drama, presented to Herbert Wichelns with a reprinting of his "Literary criticism of oratory."* Ithaca, NY: Russell & Russell. pp.5–42.

# 第9章

# ゲームの意味とメッセージ
## 近代日本における囲碁とナショナリズム
### ダグラス・シュールズ

2006年7月13日，プレイステーション2向けのゲーム『ペルソナ3』が日本で発売された。1年後に米国でも発売されたこのゲームは，扉の写真のような召喚アニメーションでよく知ら

『ペルソナ3』プレイ画面（著者撮影）

れているが，発売時に何らかの論争を惹起したという証拠はほとんどない。

　現在，米国では銃による暴力に対して，公衆とメディアによる関心が高まっており，したがって上記のゲームが今日発売されたなら，おそらくまったく異なる反応が喚起されたであろう。ゲームの意味を引き出すアプローチはさまざまあるが，（本章でミシェル・フーコーの「言説編成」をめぐる議論を援用しながら分析するように）その方法のひとつとなるのが他のテクストや実践による議論や表象に関係づけてゲームを位置づけることである。時を経てこれらの言説がいかに発展するのかを理解することは，デジタルであれアナログであれ，ゲームがいかに別のことを別の時に，別のコミュニティに対して意味するのか，という点への洞察を与えてくれる。

# ① はじめに：「議論」としてのゲーム ────────

　過去十数年のあいだで，ゲーム研究は米国とヨーロッパにおいて研究対象として徐々に定着しつつあり，そのなかでさまざまな方法論的かつ分析的視点からの研究がなされている。その範囲はコミュニケーション研究や文学といった解釈的な人文科学系分野から，コンピューターサイエンスや心理学といった，より実証的な社会科学まで幅が広い。この背景にある多様性は，ゲーム研究の黎明期からその方向性を決定づけてきた。同分野の有名な議論，たとえば「ナラトロジー」対「ルドロジー」に関するディベート（Aarseth, 2004; Frasca, 2003a, 2003b; Juul, 2001）や，ゲーム／プレーヤー問題（Bogost, 2009）などは，「ゲーム研究」という分野に対してどのようにアプローチすべきかという問いを明確に説明しようとしている。興味深いのは，これらの研究がゲーム自体を対象にしたり，その影響について主に考察する傾向にあったことである。

　むろん，それらのアプローチはゲームを対象として研究するのには有用であるが，他方では，ゲームを修辞的な対象として研究することにも意義があると考えられる。ジェラルド・ボーヒーズは，ゲームは「議論」を形成すると指摘した（Voorhees, 2012）が，これは研究上，有用な出発点を提起するものといえる。彼によると「ゲームとは非常に優れた修辞的な人工物である。ゲームには文章，視覚，聴覚，物語，手順などの複数の表現方法があるだけではなく，現代文化を形作る言説編成を織りなし，また言説編成を通して作り出される」（Voorhees, 2012: 1）と主張される。そうであるとすれば，さまざまなゲームの表現方法が，この世界に関する言表を構成することになる──つまり，ゲームとはどのようなものであったのか，現在どうであるか，そして，どういうものでありうるか（あるべきか）を問うのである。これらの言表は，この世界を反映するものではな

く，むしろシニフィアンとシニフィエの潜在的関係を提示している。

　「ゲームは議論である」という理解は，ゲームの意味が固定されていないことを認識している，という点で重要だといえる。社会の発展にともなって，ゲームが世界について形成する議論——より正確には，ゲームが世界について述べていることを人びとが解釈する方法——は発展していく。ボーヒーズの言葉を用いるなら，ゲームが位置づけられる状況（すなわち，言説のフィールド）が変化するにしたがって，ゲームが形成していると理解される議論もまた変化する。これを説明するためには，ゲームを理解する方法を形成する社会的／組織的勢力の役割を精査する必要がある。

　本章では，デジタルゲームを修辞的な対象物として捉えるボーヒーズの見解を参照しながら，ゲームを理解するためには，それが流通する時代を検討することが必要となると論じる。ボーヒーズが言及するのはデジタルゲームについてだが，デジタルであれアナログであれ，すべてのゲームには次のような仮定が成立するはずだ——すなわち，ゲームで遊ぶ方法を構造化する規則は時間の経過とともに変わらない一方で，これらの規則の解釈やコミュニティにおけるゲームの立場は変わることがある。このことに留意しつつ，政治的／社会的システムの変化がゲームメディアのコンテクスト化にどのような影響を与えるかを考察してみたい。

　なお，本章では近代初期の日本における囲碁に注目して考察を展開することになる。そのためにミシェル・フーコーの「言説」に関する理論（Foucault, 1972）を援用し，とくにエピステーメー（もしくは知の獲得方法）という点に注目しながら，「統制の言説」——とくに日本という国家の概念が造られた理由の一部をなすそれ——を構成する社会的／政治的機関に目を向ける。むろんこのテーマは複雑であり，さまざまな分析がなされうるが，おもに本章で分析の俎上に載せるのは，日本について書かれた英語の文献において，外国

での囲碁の導入に反映される日本のイメージがいかにして形成され
たのか，という点である。

## ② ゲームと言説へのアプローチ：その背景の概要──

　ジョン・ピーターズによると，メディア研究のリサーチは次の三
つの焦点，すなわち「テクスト」（文字），「オーディエンス」（社会），
「産業」（組織）のいずれかに分類することができる（Peters, 2009）。
「テクスト」へのアプローチは解釈的で，個々のメディアの生産物
それ自体を用いて検証する。「社会」へのアプローチはオーディエ
ンスの理解と連動し，異なるグループがどのようにテクストとして
のメディアを使用し，理解するのかを調査する。「産業」へのアプ
ローチは構造的であり，メディアがどのように社会で組織されるの
かを調査する。ちなみにゲーム研究のリサーチは，ある一つの側面
のみを取り上げ，残りの二つを除外して展開される傾向がある。こ
れに関しては，たとえばゲームやその表現におけるテクスト分析
（たとえばKim, 2009; Mikula, 2003），ゲームのメディア効果またはオ
ーディエンスとの関わり（たとえばDwulecki, 2017; Glasspool, 2013），
ゲーム・ビジネスまたはエコロジーの構造（たとえばConsalvo, 2006;
Schules, 2015; Williams, 2002）などをあげることができよう。

　これらのうち研究対象を一つの側面に限定した場合には，そのど
れもがゲームを修辞的人工物として示すことはできないだろう。ゲ
ームの修辞的人工物としての機能を理解するためには，ゲームが時
間の経過によっていかに変化するのか，世界に関してゲームが行う
表象とそれが形成する議論とがいかに変化するのかを検証する必要
がある。私たちはメディア研究の三つのアプローチがお互いにどの
ように関係するのかを精査しなければならない。

　簡単な例をあげよう。「トゥームレイダー」シリーズのヒロイン

のララ・クロフトは，そのジェンダー表象をめぐって長年にわたり
批判にさらされてきた。しかしながら，近年の映画やゲームにおい
ては彼女の描かれ方は変化しており，衣服——現在はホットパンツ
ではなくカーゴパンツを着用している——の変化やキャラクターの
進化によって，そのような批判から抜け出そうとしてきた。その結
果，女性性をめぐる彼女の表象と，女性性に関してゲームが形成す
る議論，およびそれについての私たちの理解が変化することになっ
たのだ。おおむね，ゲームの規則（テクスト）や，オリジナルゲー
ムのプレイヤー（オーディエンス），その産出（産業）は変容してい
ない。では，何がこの変化を説明するのだろうか。

　基本的にいえば，テクスト・オーディエンス・産業の相互構成
は，いかに社会がゲームを理解し，語り，利用し，相互に作用する
のかを把握するうえで役立つ。これらは，フーコーが「言表」とよ
んだものを構成する。フーコーにとっての言表とは単なる発話のみ
ならず，実践や行為をも指し示す。言表は個人または組織によっ
ても実行されるが，いずれの場合であっても，その意味は自明でも
自己決定的でもなく，他の言表との関係から派生することになる
（Foucault, 1972）。このような視点に依拠するならば，ララ・クロフ
トの表象や意味を社会がいかに理解するかは，ゲームと関連する社
会的，政治的，経済的，組織的な変化とつながっている，といえる。
たとえばゲームに関わる人口統計（市場のグローバル化，女性ゲーマ
ーの増加，「カジュアルゲーマー」に対する広範な主張），技術的なトレ
ンド（より廉価で性能の良いデバイスの開発や，よりリアルで良質なキ
ャラクターデザイン[1]を考慮に入れたデザインの進化），社会的・経済

---

1）ララ・クロフトについてなされる議論の一つに，オリジナルのゲームの
　発表当時のポリゴンレンダリングにおける制限が，キャラクターの女性
　性を強調して明確に表現する形となって現れた，というものがある。

的な運動（たとえば#MeTooやTime's Up）などである。

　当然ながら，個人も組織もたくさんのことを語り実行するが，それらは言表を形成することになる。そして，言表を社会のレベルで通時的に検証することで，一見すると別々にみえる分野を横断する言表のトレンドやパターンを発見することができる。これがフーコーによって「言説」と指呼されたものである。

　フーコー的な意味での「言説」とは，「考え」や「概念」について特定の社会がもつ理解とみなすことができる。つまり，特定の場所，特定の時代にどんな種類の言表が可能か具体化し（Kennedy, 1979: 276），「機関，技術，社会的グループ，そして言説間の関係性」において明示化される（Rasiński, 2011: 18）。いかなる時代でも同時に複数の言説が運用されるため，言説間の関係性は重要である。宗教が世界について述べることは，科学が述べることと同時に（そして，しばしば緊張関係をもって）運用される。これらの関係性とその影響を発見して地図を描くことは，フーコーが述べる「考古学の方法」の基礎を形作るのである。

　フーコーのいう「考古学」の前提によると，言表の発見と見取り図の作成を通して「言説」が発掘される，という。言表は実際の発言や実践であるが，この手法の鍵となるのはそれが唯物的であるということであり，その存在には何らかの経験的な証拠が随伴する，ということである。アーカイブ上の歴史的・法的な記録は，たしかにこの基準に適合する。しかしながら，慣習，儀式，人工物のデザインとその使用，これらの全体系の創出に関わるプロセスもまた同様である。フーコー的考古学の手法を通して発掘されるゲームの言表とは，相互に関わる規則や実践の体系の表出であり，どういった表現タイプがゲームにおいて可能であるかだけではなく，ゲームがつくりだす表象のタイプや種類，ひいてはそれらに対する私たちの認識でさえ導くものとなる。

　ともあれ本章では，フーコー的な考古学の視座に依拠しながら，日本が近代国家へ移行する間のナショナリズムとアイデンティティに関する言説が，囲碁に関わる言表にいかに反映されているかを考察していく。とくに明治，大正，昭和初期に日本語と英語で書かれた文献に依拠し，西洋の機関と制度の日本による流用が，日本人のアイデンティティと文化的差異化に関する語りに対して，いかに影響を及ぼしたのかについて焦点をあてたい。考古学的分析の目的は言説とその編成を理解することであるため，本章では囲碁に関する文書や，それについて言及のあるさまざまな資料を用いることとする。

## ③ 近代日本のナショナリズムとアイデンティティ ──

> 囲碁は精神のスポーツと呼ばれていた（Mihori, 1939: 19）。

　ミホリが1939年に発行した小冊子「*Japanese game of "go"*」（日本ノ囲碁）のなかで囲碁を紹介するまでに，囲碁をめぐる異なる枠組みが出現している。ペリー来航は日本に鎖国の終了をもたらし，それによって，徳川政権における権力維持の柱であった封建的な身体統制が段階的に衰退していった。そのような状況のなかで，日本を思想的／概念的に位置づける「統制イデオロギー」のシステムが徐々に形成されていった。この転換には時間がかかり，国内外の双方で，日本国家の認識形成が議論の焦点になっていった。この転換にはさまざまな要因が関与しているが，日本のアイデンティティとナショナリズムが惹起された背景には，西洋の組織と実践のモデル化があったことはたしかである。そしてそのような理解のある部分が囲碁に関する言説へと反映されていったのである。

　近代国家として生まれ変わろうとする日本が直面した最大の問題の一つは，自身のアイデンティティを維持しつつ，いかにして西洋のイデオロギーや慣習を国家レベルで取り込むべきかを知ることだった。この転換の成功への鍵は，人びとにナショナリズムの感覚を植えつけることだった。これには政治的，経済的，社会的，審美的な要因を含む複数のレベルでの組織的構造改革が関連していたのである。グラックが指摘したように，明治国家の安定性は日本人の国家という感覚の芽生えからのみ発生しえた（Gluck, 1985）。これを実現するために，政権を握る元老たちがさまざまな制度・組織（とくに天皇制）のもとに所属する日本人コミュニティの感覚に訴えかけ，個人を対象とするキャンペーンに乗りだしたのである。サワダによれば，19 世紀の日本における国家イデオロギーの形成において，宗教的な要素が新体制へと反映され，そこに道徳的な要素が吹き込まれたと主張される（Sawada, 2004）。このシステムとプロセスが日本のナショナリズムにおいて重要な「日本の審美化」のベースとなったのだろう（Ohnuki-Tierney, 2002）。

　「日本」の国家アイデンティティのために芸術と政治を融合することは，1903 年に英語で書かれた日本の文化や思想に関する論文 "The ideals of the East"（Okakura, 2007）でもはっきりと指摘されている。そのなかで岡倉天心は，「日本人である」という熱烈なナショナリズムが育まれる場合のみ，外国の思想と慣習の採用に賛成すると述べている。

> 　当時の日本は，国民生活に再度呼びさまされた意識において，過去の衣類を捨てて，新しい服を着たがっていた。［中略］［ヨーロッパの］軍備，産業，科学のみならず，哲学や宗教においても，彼らは西洋の新しい理想を捜し求めた［中略］個人主義という荒れた渦［中略］堅牢無比な忠誠という固い岩がその不動

> の基礎を形成していなかったならば，その逆巻く混乱に国をぶ
> つければバラバラになってしまうだろう。［中略］最初から壊
> れぬままの主権の影で育まれてきた人種という奇妙な固執［中
> 略］これこそが西洋の思想が突然の理解不能に流入してきたに
> もかかわらず，今日まで日本を無傷の状態に保ってきた理由な
> のだ。［中略］東方文化の本能的折衷主義にとって，日本は成
> 熟した判断力があり，自身が必要とした現代のヨーロッパの文
> 明［原文ママ］の要素をいろいろな出所から選ぶことができた
> のだ（Okakura, 2007: 132-134）。

　その第一歩として，西洋的なパワーを支えるその技術と教育を迅
速に（かつ根本的に）採用する必要があった。とくに色川が述べた
ように，明治期には軍事利用を目的として，西洋の技術の採用が早
い段階から目指されたのである（色川, 2007）。それと同時に，教育
制度は国家のアイデンティティを醸成するよう改革されてきた。福
澤諭吉は*An outline of a theory of civilization*（『文明論之概略』）の
なかで，日本は「国家という表面的な様相」（Fukuzawa, 2008: 18）
を呈すると述べている。なぜならば，忠義や義務といった価値観が
地域社会に相変わらず根づいていた結果，それが個々の批評的な思
想を妨げていたからであり，また，士農工商制度の影響が長引いて
いたからである。福澤はこういった思想なしでは，日本においては
「政府は存在するが，国家を持つことはできない」（Fukuzawa, 2008:
187）とも指摘している。

　Huber（1981）によると，教育制度に起きた変化は，日本を西洋
化に耐えうる国家へと変えられるか，という実際的な懸念を表して
いると主張される。これらの変化は，日本の大学制度の変更に反
映されている。東京大学は1882年までに「一流のアメリカの大学
と同じレベルのカリキュラム」をもつことになり，法学，自然科

学, 文学という三つの学位専門課程が用意された（Week's News 概要, 1882 年 2 月 23 日）。なお, この期間およびそれ以後に, 日本語を廃止して英語を公用語に採用しようという動きがあった。この動きは 1889 年に当時の文部大臣・森有礼が暗殺されたことで廃れたが, 1873 年の段階ですでに彼によってひろめられており, 情報の流通を握るエリート階級の創設を招き, 国が完全な近代国家へと進化するのを遅らせる間違った考えとして海外では批判されていた（*The Week*, 23 Jan, 1873）。

　それと同時に, 時間の経過とともに初期の近代日本がますます西洋のイデオロギーの制度と具体的な慣習を吸収し, 適応し, さらにそれを放棄するという見境のない過程も詳細に検討されている。近代化へと向かう過程において, どの要素を採用, 変更, 利用するべきか考える際に, 日本は「各々のケースの絶対的利点を超えて, 優先するまたは除外する基準もなく, 伝統も慣習もない」と考えるようになった, と指摘される（Droppers, 1907: 110）。当初, この実用主義は国には有益だったが, 明治 30 年までには, この西洋に対する模倣は知的かつ芸術的な停滞の指標であると揶揄されたのである。ジョスリン・スミス（1898）は, 日本が西洋の文学スタイルをまねることで, 日本の作家たちが芸術的な表現における独創性を失ったと非難した点を指摘している。実際に, 模倣という主題はこの時代によく繰り返され, 日本の多くの作家と学者が芸術的なインスピレーションの源として中国, 韓国, 西洋をあげている（de Wyzewa, 1890; Griffis, 1882）。

　岡倉が主張したように, のちにそれは日本の美を再発見する運動へとつながった。初期の例としてあげられるのは, 1887 年に日本政府が設立した官立の東京美術学校である。ソフトポリティクス運動の前身として描写されうることとして, フェノロサは 1893 年のシカゴ万国博覧会に言及し, そこでの日本人による展示の成功に触

れながら，日本政府が果たした活発な政治的役割——歴史的に日本を識別する美的特徴への回帰を強調するそれ——を指摘している（Fenollosa, 1893）。徳川時代から明治時代への移行を告げた新しい西洋の技術や思想の流入と同様に，芸術家は新しい美的な技術や感性にさらされうる。これらの技術を模倣した最初期の動きが一段落した後，海外で学ぶ芸術家の増加や海外の芸術学校の設立によって，日本の芸術的な技術を保護するための方法について議論が開始されることになった。というのも熟練者が次第にいなくなり，後継者も育っていない，という状況があったからである。そのための打開策として，公立学校における日本絵画の指導がはじまり，それがのちに東京美術学校の創立へとつながった。つづいて皇室の支援による政府の取り組みがはじまり，日本の芸術作品を保存する美術館がつくられ，東京美術学校の著名な教授らに作品の提供を依頼した。さらに芸術家のためのコンテストを主催し，日本芸術の進展を目指した。芸術家の野口米次郎に依拠しながら *The Literary Digest* が示すように，「日本の芸術は「神経衰弱」に苦しんでおり」，「古き日本の消失」を嘆いたのである（*The Literary Digest*, 13 April, 1912：753）。

　日本の美的伝統の「再発見」は，日本が西洋から技術や社会政治システムを採用するなかで，日本が自身を西洋と区別するための一般的な手段となった。「千代紙」として知られる，日本における黎明期のアニメのスタイルもその一例になるだろう。切り絵を用いたストップモーション・アニメのスタイルである「千代紙」は 1920 年代に人気があったが，西洋の「トーキー」と比較されてからは下にみられるようになった。この流れを受けて，千代紙アニメはいったん西洋の技術にその座を奪われたが，1936 年のカートゥーン・アニメ・シンポジウム（マンガ・エイガ座談会）では「日本」独自の芸術形式としてふたたび脚光を浴びたのである。これと同様に囲

碁の場合も，幕末には人気が落ちて，西洋のゲームに座を奪われた。しかしアーサー・スミスによれば，この交代劇は短く，（囲碁という）ゲームに対する関心は世紀の変わり目に甦ったと指摘される（Smith, 1908）。

　文化的な背景を通して日本を差異化しようとする動きは，西洋との同等性を主張するプラットホームを提供してくれるだろう。共通となる主題は，西洋における機関や実践の日本版を議論することであるが，これらはたいてい，日本の機関や実践は独自で育つ一方，それらは等しいといえないまでもヨーロッパのそれに類似しているという結論へと至る。日本を説明する目的の英語文献の多くがこの動きに貢献している。

　これらの文献の多くは解説的である一方，岡倉（とくに*Book of tea*（『茶の本』））のように多くの人びとが日本の文化と社会の独自性によって，日本と西洋とを同一平面に置いていると主張する文献もある（Buckley, 1905; Hearn, 1893; Lowell, 1887; Tsurumi, 1924）。新渡戸稲造の『武士道』における主張はその好例になりうるだろう。ヨーロッパの騎士が守るヨーロッパの騎士道精神と，サムライが守る日本の武士道精神を比較し，二つのシステムが類似した歴史的あるいは哲学的背景を共有しており，両方のシステムが両国に必要な公正さと平等の価値のための枠組みの一部をなす，とそこでは述べられている。

　ここで新渡戸が述べている主張は，本質的に，日本を理解するためにはその文化を研究しなければならない，という点に要約される。これは「囲碁をする」といった行為の場合にも同様である。一見すると，囲碁は日常的に行われる行為だが，新渡戸はこのゲームと日本の思想の関係をつぎのように語るのである──「囲碁が国家の特徴の発展と関係があったこと，武士道あるいは日本の騎士道精神に影響したことは否定できない。囲碁というゲームを理解することが

東洋の神秘主義の真実，そして日本を真に理解する方法であるといってもいいだろう」(Mihori, 1939: 12)。囲碁を倫理や道徳心の醸成の下地となるものととらえることにより，ミホリは，福澤によって表現されるような干渉や植民地化を必要とする急進的な転換というよりも，むしろそれがすでに傾倒している国の進化における発達段階として封建国家から近代国家へと急速に移行しているとすることによって，日本がアジア隣国とは異なり西洋と等しいとしている言説を利用している。ちなみに彼は3回ほどアメリカに渡り（江戸時代に2回，明治時代に1回），近代化の影響と植民地となったアジア諸国の状態を直接的に目の当たりにしている。

　実際，福澤が設立した慶応義塾大学の研究者・本庄栄治郎は，日本の階級制度に関する議論において類似性を示唆している（Honjo, 1928）。日本にも階級制度自体は存在していたものの，封建制度が成立してから時が経つにつれてこれらの階級の境界はますます穴だらけになった。人びとはある身分につくため——そして，身分から脱出するため——に裏金を使うこともできた。階級制度が徳川時代末期までに浸透したと主張する際に，明治維新前にさえ近代国家への移行を視野に入れ，同時代の他のアジア諸国と区別するだけでなく，西洋と日本が同等であるかのように捉えた日本像を概念化している点で，本庄は福澤の考えを追従している。

　アーサー・スミスの囲碁に関する英書は，早い時期にこれらの考えの影響を西洋に示すものとなっている（Smith, 1908）。管見の限りで，スミスの書籍は囲碁とその戦略に関する最初の重要な議論である。これ以前には，外国の新聞には将棋が頻繁に掲載されており，それは常にチェスと比較され，日本がヨーロッパと米国に類似したシステムを発展させてきたことを示す広範な議論にあてはまるものであった。しかしながら囲碁に関してとくに興味深いのは，その英書が世に出された時期である。この書籍は，日本がロシアに勝利す

るという，一般的には世界を驚かせ，日本への再評価を迫ることとなった偉業（日露戦争）の後にあらわれている。

　ドイツ語から翻訳されたスミスの書籍は，囲碁の歴史とその主要な規則の紹介をしている。とくに興味深いのは，囲碁の複雑さに関する論議と，その複雑さが日本人の精神を指し示している，と述べられている点である。「日本人が，抽象的で理解するのがとても難しい性質のゲームをただ観戦することに喜びを見出すことができたということは，日本人が知的に洗練された人びとであったという証拠だ」(Smith, 1908: 6)。

　大半のアジア国家が欧米の植民地となり，ヨーロッパや米国に劣っているとみなされ，アジア諸国の市民に対する明確な人種差別——1882年の中国人排斥法や1907年の日米紳士協約——が行われていた時代に，スミスの言表は日本が実際は対等な存在，または少なくとも庇護下にある存在としてみられていたことを明らかにする。*The Literary Digest* の1912年9月号は，日本とその従前の敵国であったロシアとの関係に言及し，満州の管理に関する潜在的な条約について触れる際にこの立場をとっている（*The Literary Digest*, 7 September, 1912)。一方で，*Foreign Affairs* というジャーナルでは，日米の関係に関する1923年の考察（B, 1923)で，日本が対等な立場へと上昇したことに対して狼狽を示している。

## 4 結びにかえて

　本章において，ゲームは他のメディアと同様に，社会を特徴づける，あるいは，時代を支配する広範な考えによって形成されると論じてきた。これらの考え，すなわち「言説」は，ゲームが世界に関して形成する議論のみならず，その議論の解釈も形作るのである。そしてゲームが作るメッセージは，時とともに変化することになる。

　よくあることだが，ゲーム分析は，ゲームや物語や操作方法など，その構成要素の理解を形成するのに役立つ歴史的な知識における位置づけを看過しがちである。特定の時代のなかで物事を知る方法は多様であり，ゲームが理解される方法も同様に多様である。たとえば囲碁に関する歴史的な検証においては，囲碁についての語りや実践のうえで，日本のアイデンティティとナショナリズムに関する懸念がどのように反映されるかに焦点をあてた。異なる言説の検証は異なる可能性を明らかにするだろう。

　本章で主張したのは，ゲーム分析はゲームが流通し検証される，規模のより大きな言説の枠組みに注意を向けなければならない，ということである。ゲームに関する研究の大半が考古学的分析に適した古いアナログゲームよりは，現代のデジタルゲームや実践に注視していることをふまえると，正直なところ，これは難しいともいえよう。しかしながら，デジタルゲームのメディアはとても新しいため，テクストやそれを取り囲む契機から批評的な距離を取ることによって可能になる思慮深い省察が残念ながら欠けているが，筆者は必ずしもそれを問題だとは考えていない。なぜなら，テクスト・オーディエンス・産業というメディア研究の三つの焦点は，それらの相互の関係性によってゲームのメッセージがいかに作られ，そのメッセージを私たちがいかに理解するかを発見し，分析する基盤を提供するからである。フーコーの手法が含意しているのは，意味は時間とともに変容するという点であり，ゲームの研究者の課題はこれらの変化を記述し，それを社会や機関のより広範な転換に位置づけることである。デジタルでもそれ以外でも，ゲームは内的な語りや遊びの構造とは別に，他のテクストや実践との関係から意味が派生することを忘れてはならない。

　これらの変化は囲碁というゲームにおいても出現する。ゲームの遊び方を構築する規則が今日までほぼ同じである一方，それが存在

した政治的，社会的，文化的なコンテクストは変化してきた。言説編成の構成要素としてゲームにアプローチすることは，これらのメディアや他のメディアがより大きな社会文化的織物へと編成される議論として，どのように機能するのかを示す点で有益である。ゲームが作り出す表象を理解するには，どのようにこれらのメディアが他メディアと関連しているか，またそれらが生産，消費，流通するあいだ，社会に起きているより幅広い対話の範囲内でどのような位置にあるのかを理解する必要がある。

●ディスカッションのために
1　「トゥームレイダー」シリーズのララ・クロフトのように時の経過によって言表（実際の発言・実践行為）が変化したものはあるか。他の例を考えてみよう。
2　囲碁の複雑さとその複雑な囲碁を行う日本人の精神性を結びつける議論を強める／弱める理由や例を考えてみよう。
3　近代の日本の精神性を示すものとして囲碁が扱われたように，特定の国民と結びつけられて語られるゲームやスポーツなどの例があるか考えてみよう。

**【引用・参考文献】**

色川大吉（2007）．『明治の文化』岩波書店
増川宏一（1998）．『碁打ち・将棋指しの江戸──「大橋家文書」が明かす新事実』平凡社
Aarseth, E. (2004). Genre trouble: Narrativism and the art of simulation. In N. Wardrip-Fruin, & P. Harrigan (eds.), *First person: New media as story, performance, and game*. Cambridge: The MIT Press, pp.45–55.
B. (1923). The situation in the far east. *Foreign Affairs: An American Quarterly Review, 1,* 9–29.
Bogost, I. (3 September, 2009). *Videogames are a mess.* Paper presented at the keynote address to the Digital Games Research Association bi-

annual conference, Uxbridge, UK.

Buckley, E. (1905). The Japanese as peers of Western peoples. *American Journal of Sociology, 11*(3), 326–335.

Choi, K. Ⅱ. (1956). Tokugawa feudalism and the emergence of the new leaders of early modern Japan. *Explorations in Entrepreneurial History, 9*(2), 72–90.

Consalvo, M. (2006). Console video games and global corporations: Creating a hybrid culture. *New Media & Society, 8*(1), 117–137.

de Wyzewa, T. (1890). Japanese art. *The Chautauquan, XI,* 736–740.

Droppers, G. (1907). Notes: The sense of the state. *Journal of Political Economy, 15*(2), 109–112.

Dwulecki, S. (2017). "I am thou⋯ Thou art I⋯": How *Persona 4*'s young adult fiction communicates Japanese values. *Creatio Fantastica, 1*(56), 97–113.

Fenollosa, E. F. (1893). Contemporary Japanese art: With examples from the Chicago Exhibit. *The Century: Illustrated Monthly Magazine, XLVI,* 577–581.

Foucault, M.／Smith, A. M. S. (trans.) (1972). *The archaeology of knowledge and the discourse on language.* New York: Pantheon Books.

Frasca, G. (2003a). Ludologists love stories, too: Notes from a debate that never took place. Retrieved 10 October, 2009, from http://www.ludology.org/articles/Frasca_LevelUp2003.pdf（最終確認日：2021 年 3 月 12 日）

Frasca, G. (2003b). Simulation versus narrative: Introduction to ludology. In M. J. P. Wolf & B. Perron (eds.), *The video game theory reader.* New York: Routledge, pp.221–236. .

Fukuzawa, Y.／Dilworth, D. A. & Hurst, G. C. III. (trans.) (2008). *An outline of a theory of civilization (Revised ed.).* Tokyo: Keio University Press.

Glasspool, L. H. (2013). Simulation and database society in Japanese role-playing game fandoms: Reading boys' love *dōjinshi* online. *Transformative Works and Cultures, 12.*

Gluck, C. (1985). *Japan's modern myths: Ideology in the late Meiji period.* Princeton: Princeton University Press.

Griffis, W. E. (1882). The Corean origin of Japanese art. *The Century: Illustrated Monthly Magazine, XXV,* 224–229.

Hearn, L. (1893). Of the eternal feminine. *The Atlantic Monthly, LXXII,*

761–773.

Honjo, E. (1928). Changes of social classes during the Tokugawa period. *Kyoto University Economic Review, 3*(1), 56–74.

Huber, T. M. (1981). *The revolutionary origins of modern Japan.* Stanford: Standford University Press.

Juul, J. (2001). Games telling stories?: A brief note on games and narratives. *Game Studies, 1*(1). Retrieved from http://www. gamestudies.org/0101/juul-gts/#top (最終確認日：2021 年 3 月 12 日)

Kennedy, D. (1979). Michel Foucault: The archaeology and sociology of knowledge. *Theory & Society, 8*(2), 269–290.

Kim, H. (2009). Women's games in Japan: Gendered identity and narrative construction. *Theory, Culture & Society, 26*(2–3), 165–188.

Lowell, P. (1887). The soul of the Far East. *The Atlantic Monthly, LX,* 836–849.

Mihori, F. ／Z. T. Iwadō (trans.) (1939). *Japanese game of "go".* Tokyo: Board of Tourits Industry, Japanese Government Railways.

Mikula, M. (2003). Gender and videogames: The political valency of Lara Croft. *Journal of Media & Cultural Studies, 17*(1), 79–87.

Nakamura, S. (1985). National unification and land reform in the modernization process of Japan (2): *Haihan chiken, chitsuroku shobun* and *chiso kaisei* at the time of the *Meiji ishin. Kyoto University Economic Review, 55*(2), 53–77.

Nitobe, I. (2006). *Bushido, the soul of Japan.* Middlesex: UK: The Echo Library.

Ohnuki-Tierney, E. (2002). *Kamikaze, cherry blossoms, and nationalisms: The militarization of aesthetics in Japanese history.* Chicago: University of Chicago Press.

Okakura, K. (2007). *The ideals of the East: With special reference to the art of Japan.* Berkeley: Stone Bridge Classics.

Peters, J. D. (2009). Strange sympathies: Horizons of media theory in America and Germany. *Electronic Book Review.* Retrieved from https://electronicbookreview.com/essay/strange-sympathies-horizons-of-media-theory-in-america-and-germany/ (最終確認日：2021 年 3 月 12 日)

Rasiński, L. (2011). The idea of discourse in poststructuralism: Derrida, Lacan and Foucault. *Contemporary Learning Society,* 7–22.

Sawada, J. T. (2004). *Practical pursuits: Religion, politics, and personal cultivation in nineteenth-century Japan*. Honolulu: University of Hawaïi Press.

Schules, D. (2015). Kawaii Japan: Defining JRPGs through the cultural media mix. *Kinephanos, 5*(1), 53–76.

Sheldon, C. D. (1983). Merchants and society in Tokugawa Japan. *Modern Asian Studies, 17*(3), 477–488.

Smith, A. (1908). *The game of go: The national game of Japan*. New York: Moffat, Yard & Company.

Smith, J. Z. (1898). The literature of Japan. *Lippincott's Monthly Magazine: A Popular Journal of General Literature, Science, and Politics, LXI*, 713–715.

Summary of the Week's News. (23 Feb, 1882). *The nation: A weekly journal devoted to politics, literature, science, and art.*

*The Literary Digest* (13 April, 1912). Western Blight on Japanese Art. *The Literary Digest, XLIV*, 753–754.

*The Literary Digest* (7 September, 1912). Russo-Japanese Entente. *The Literary Digest, XLV*, 364–365.

*The Week* (23 Jan, 1873). *The nation: A weekly journal devoted to politics, literature, science, and art.*

Tsurumi, Y. (1924). The difficulties and hopes of Japan. *Foreign Affairs: An American Quarterly Review, III*(2), 253–265.

Voorhees, G. (2012). Discursive games and gamic discourses. *communication+ 1, 1*(1), 1–21.

Williams, D. (2002). Structure and competition in the U. S. home video game industry. *International Journal on Media Management, 4*(1), 41–54.

# 第10章

# 社会実践としてのディベート

## 教育ディベートと社会との接点

田島慎朗

**ニュース番組（CNN）における討論 ***

　日本のニュース番組は，トピックの紹介につづいて解説，専門家のコメント，街角の意見などをまとめた VTR を流し，一つのストーリーとして仕立てるかたちが多い。これに対して欧米のニュース番組は，その日の一番の話題について長い時間をかけて討論を行うことがある。日本でも BS や CS 放送で視聴できるこうしたニュース番組では，立場の異なる複数の専門家を中継し，スタジオと同時に画面上に映して比較的長い時間をかけてセッションが展開されるのである。この手法は，それぞれの立場や意見を明らかにし，トピックを広く，深いところまで掘り下げる役割を果たしてきた。

　昨今，「フェイクニュース」と揶揄されることもある欧米のニュース・チャンネルだが，こうした討論を「まがい物」としない一つの工夫は，そのトピックを自分たちのものとして引き受けて議論に参加することで，ともに考えていく姿勢にあるのではないだろうか。

---

*https://edition.cnn.com/videos/tv/2016/10/08/ctn-navarro-hughes-trump-offense-exchange.cnn/video/playlists/trumps-2005-comments-caught-on-hot-mic/（最終確認日：2021 年 2 月 23 日）

## 1　はじめに

　ディベートとは，異なる立場をとる話し手が，その対話を聴く第三者を説得するコミュニケーションの形態である。ディベートは政策の優劣を図る手段として，あるいは，法廷などで真実を確かめる手段として使われてきた。現代では，ディベートは政治や法廷，学術論争といった場だけでなく，ニュース番組やバラエティ番組においてもひろく認められる。

　このディベートを教育に応用したのが教育ディベートである。教育ディベートでは，話し合うトピックと，トピックに対する立場をあらかじめ定められたディベーター，そして，それを聴き客観的な判断を下す審判の役割が参加者に割り振られる。ディベーターは対戦相手（トピックに対して逆の立場をとる人物）よりも優れた議論を展開するように努め，審判は注意深く議論を聴き，できるかぎり客観的に双方の議論を見定め，最終的にどちらかの側に投票する。

　教育ディベートは，それに参加する人びとのコミュニケーションスキルを向上させることに目的があるといわれている。そしてそのスキルを磨き，競い合う場としてのディベート大会が誕生して，長い年月が経つ。しかし，ここ何年かの間に，教育ディベートはますます多様化しており，ディベートの意義も活発に議論されてきた。そのことをふまえたうえで，本章では近年のこうした議論や多様化したディベートのいくつかを紹介しながら，社会実践としてのディベートの意義をあらためて考えてみたい。

## 2　競技と個人能力の育成

　「説得できた瞬間は楽しいと思う」「できたことに対する自信とか喜びがある」「自分の意見をズバっと言ったら嫌われたりするけど，

ディベートだったら気兼ねなく相手を潰せる」[1]。これらは，ディ
ベーターとして大会に参加する中高生が語った「ディベートの醍醐
味」である。また，現在京都大学で教鞭をとるディベート大会運営
者は，教育ディベートの戦略性，リサーチ合戦や非常に速い展開の
スピーチを喩えて，「F1 とか，将棋に近い」と語っている[2]。ディ
ベートは頭と口をフルに使った知的遊戯という側面があり，大会に
参加して議論を競う教育ディベートをとくに競技ディベートとよぶ。
競技ディベート参加者のなかには，スピーチを考え，証拠資料を探
し，試合で議論を交わすことや，その結果として審判を説得できる
ことに快感を覚え，大会に参加しているという者も多い。

　中高生にとっては，他の部活動と同様に，ディベートにもこのよ
うな競技的な楽しみ以外の価値に訴えるところがある。それは，教
育ディベート全般に共通する，参加者のコミュニケーションスキ
ル向上という効果である。議論の理解能力であれ，発話能力であれ，
判断能力であれ，こうした能力を育成するのがディベートに参加す
る者たちの主たる理由になってきた。たとえば，ディベート競技者
に長らく愛読されてきた『現代ディベート通論』には，以下のよう
な説明がある。

> ［ディベートは］教育的活動の一部として［中略］行われている
> ものであり，［中略］この活動を通じて，アーギュメンテイショ
> ンの技術を身につけ，アーギュメンテイションの理解を深める
> ところにその目的がある。米国では，しばしばスピーチ・コミ

1）YouTube「第 19 回全国中学・高校ディベート選手権（ディベート甲子園
　2014）」〈https://www.youtube.com/watch?v=74Qtf1ujWV8（最終確認
　日：2018 年 8 月 30 日）〉
2）YouTube「第 18 回全国中学・高校ディベート選手権」〈https://www.
　youtube.com/watch?v=SdoQfsgsUXI（最終確認日：2018 年 8 月 30 日）〉

ユニケーション学科の実習のような形でカリキュラムに組み込まれている。(伊豆田他, 1985/2005: 3)

　また，中高生を対象にした全国中学・高校ディベート選手権——通称「ディベート甲子園」——のパンフレットでは，ディベートによって「自分の意見と切り離して議論を行うことで，物事を様々な角度から考えることになり，より深い思考を展開できるようにな」る，「議論のための議論ではなく，妥当で説得力のある議論を考えようとする態度や能力を身につけることができ」るとその効用をうたっている（全国教室ディベート連盟, 2018: 6）。同様に，近年盛んになってきている即興ディベートの手引書は，高校の学習指導要領の「積極的にコミュニケーションを図ろうとする態度」を育んだり，「事実や意見などを多用な観点から考察し，論理の展開や表現の方法を工夫しながら伝える能力」を伸ばしたりするための手法としてディベートを提案している（中川, 2017: 2）。ともあれ日本におけるディベートでは，競技的側面と，個人能力を伸ばすという教育的側面が強調される傾向にあるといえる。

　以上のようなディベートをめぐる語りは，それが部活動や教育カリキュラムのなかで展開される限りにおいては自然な反応かもしれない。野球部員はホームランを打って嬉しいし，野球の練習を通じて体力作りをしたり，協調性を学ぶ。同じように，ディベートは活動のなかで養われる能力を養成するためのものだ，と認識されることもあるのだろう。ただし，日本でディベートを学ぶ生徒は，こうした能力をつけて何をするのか，それが何に貢献するのかという点において，政治性や公共性にからめた認識が乏しいように思われる。これについては，師岡・青沼（2013）が「パブリックディベート」（政策にたずさわる専門家や地域の人びとを巻き込んだディベート）を取り上げ，「立場の異なる相手との真摯な対話」は「成熟した市民社会

に不可欠な公的議論の機会の一つ」だと指摘している（師岡・青沼,
2013: 154）。パブリックディベートは，既存メディアから得た情報
をそれぞれの立場から精査する場であるとともに，その情報がアー
カイブとして残され，のちの公共政策に影響を及ぼすという意味で
メディアとしての役割も果たす（師岡・青沼, 2013: 154）。師岡・青
沼（2013）はおもに米国のパブリックディベートをひきあいにその
意義を論じているが，これと比較すれば，たしかに日本でも教育ディ
ベートに携わる者がパブリックディベートのような場を用意する
機会は増えてきたともいえる。しかしそれはあくまでも競技ディベ
ート大会の「おまけ」や「余興」のような位置づけであったり，ディ
ベート部の勧誘を目的にするものであったりと，内容などのデザ
インは二の次であることが多く，その意義が強く意識されていると
は言いがたい。

　そこで次節では，以上のような教育ディベート環境が形成される
に至った歴史的な要因をみていきたい。その後，米国のディベート
環境がどのように変わっていき，メディアとしてのディベートが公
共にどのようなメッセージをもちうるのかを考察していく。

## ③　公共益に資する

　ここに，今日においてディベートに携わる者には少々ショッキン
グな文章がある。20 世紀初頭から第二次世界大戦の終結にかけて
のフォレンジックス（ディベート・スピーチ）クラブ[3]のありよう

---

3) 英国のディベートが議会（parliament）をモデルとしたのに対して，米国
　のディベートは法廷における（forensic）論争のかたちをモデルに競技化
　が進んだ。ディベート・スピーチクラブをフォレンジックスとよぶのは
　そのためである（Bartanen & Littlefield, 2013）。

を描いたものである。

> この時代，競技ディベート・スピーチの存在意義は試合で勝つことで競技上の目的を果たし，学校や大学，コミュニティに錦を飾るという類のものではまったくなく，何はともあれ第一に公共善（public good）のためであった。試合に勝つことは，競技としてのディベートに参加するうえではついてまわる副次的な利益である。しかし，フォレンジックスが競技それ自体によって正当化されたり，そのことが公的な場で表明されたりすることは，決してなかった（Bartanen & Littlefield, 2013: 42）。

　米国の歴史を知っていれば，上の文章を読みアブラハム・リンカーンとフレデリック・ダグラスが行なったディベート遊説ツアーを思い浮かべるかもしれない。このツアーでは，全米の国民に対して奴隷制度の現状に関する理解を深化させ，変革を考えさせるための良い機会を提供した。こうした文脈のなかで，当時のフォレンジックス・クラブのメンバーは，自分たちの口頭技術が公共善に資すことを第一の使命としていたのである。

　米国の大学間でディベートがクラブ活動としてはじまったのは19世紀末である（Keith, 2007）。それまで，ディベートはもっぱら高校や大学のリベラル・アーツ教育のカリキュラムや文芸クラブ（literary society），フラタニティ（fraternity）とよばれる会員制の男子学生の社交クラブにおける活動として，細々と散発的に実践されていた。19世紀末，これらのクラブが学校からの公認を得て正式な課外クラブとしての活動を開始したのだ。この時代から，ディベートはコミュニティや政治・法曹界のリーダーを育成するための手段として機能していた。

　そのころのディベートクラブは，学生主体で大学カリキュラムの

**図 10-1　映画『グレート・ディベーター』[4] のディベート試合中の聴衆**

外の活動として組織されていった。対外試合は，ごく少数の大学間で申し合わせをしたうえで，他大学のチームを招待するかたちで開催されたが，多くの場合，それは列車や馬車を使っての大変な移動をともなっていた。多くのディベート試合は，今でいう大学祭や市民ホールのイベントとして，学生や地元の市民など多くの人びとを惹きつけてきた。ディベート・イベントは盛況で，クラブのメンバーが大学や地元で有名人（celebrity）となった例も珍しくはない。スピーチ時間は統一されておらず，そのつど，いくつかの要因を加味して話し合いによって決定された。ツアーが行われた 19 世紀初頭になると，ディベートのトピックは哲学的・価値的なものよりも，市や州，連邦政府の政策に関わるものが増加した（Bartanen & Littlefield, 2013; McKown, 2017）。

　その後，1914 年を契機にして，スピーチ・コミュニケーションを学問領域として確立しようという機運が高まった。そこに起こったのが，前述の「公共善」という概念を使いながら口頭弁論の価値を確固たるものにしようという動きである。たとえば，ウイリアム・ハーレー・デイビスはこのようにディベートの意義を説明している。

----

4) デンゼル・ワシントン［監督］（2007）『グレート・ディベーター：栄光の教室』トランスフォーマー

> アメリカにおけるディベートの隆盛は，私たちの民主主義にも
> とづく社会の組織の結果なのだろうか。アメリカ市民は，統治
> 者であり，自分自身の主（あるじ）である。よって，ディベート
> 試合の参加者と観客は，トピックで問われたものに対する最大
> 限の想像力を働かせ，その是非に臨まなければならない（Davis,
> 1915: 109）。

　デイビスによれば，ディベートは「アカデミック（学術的とい
う意味で教育的）なもの」というよりも，公共に資すという意味で，
第一義的にいって政治的なものであり，教育的というのは市民を啓
蒙・教育するという意味にすぎないと主張した。本節の冒頭であげ
た「ディベートは公共善に資すべき」という目的は，このようなバ
ックボーンに支えられていたのだ。

　しかし第二次世界大戦後，ディベート教育は公共善を第一とする
時代に終わりを告げ，参加者の間で議論の質と量を競争していく時
代に入っていった（Bartanen & Littlefield, 2013）。そのころ，就学率
の上昇や交通の便の向上といった社会的条件が整い，ディベート教
育への社会的関心も高まったため，各地で散発的に開催されてきた
ディベート競技会が一年もしくは半年間のシーズンをしめくくる全
米大会を頂点とするサーキットへと変貌した。スピーチの時間と順
番や参加人数も固定化し，議論の質と量をもとにしたロジカルな判
断が審判に求められるようになった。議論のバラエティは増えたが，
その論じ方から審判の仕方までが専門化し，スピーチに専門用語が
増え，スピーチのスピードは一般の聴衆に聞き取れない速さになっ
た。その結果，一般の聴衆はディベートから離れていった。

　日本で「調査型ディベート」とよばれる証拠資料引用型のディベ
ートは，その当時の米国におけるディベートを輸入したものである。
競技者の数やスピーチ時間などに若干の違いはあるものの，米国で

ディベートに携わるものが日本のディベートの内容を聞けばほぼすべて理解できるし，日本語でディベートをやってきた者が米国のディベートの様子をみればすぐに内容を理解できる。国と言語が違いながら，ここまで専門的な知的遊戯を共有していることは両国（あるいは，少なくとも日本）にとっては貴重であり，「技術的な」ディベートが日本の教育に果たした意義は少なくないだろう。

　しかし，当の米国は参加者の間で議論の質と量を競争していく時代に終わりを告げ，21 世紀にはディベートの新たな時代に移行してきている。調査型ディベートは，冒頭にあげたF1 や将棋の比喩のように，米国でも「議論の実験室」と喩えられてきた。生徒・学生の議論のトレーニングをめぐる両国の比喩に共通するのは，社会という「実践」で活躍するための訓練の場として教育ディベートを位置づける，ということである。しかし，こうした教育ディベートへの理解は社会とディベートとを隔て，ディベートがシミュレーションの場であるという理解を加速させ，身につけたクリティカル・シンキングや異議申し立てのスキルを発揮する場をディベート試合会場という仮想のトレーニング場に押しとどめてしまい，はては社会の動向に対して積極的に関与することのない傍観者としての振る舞いが身についてしまうという皮肉な結果になりかねない（Mitchell, 1995, 1998）。こうした危機感をうけて，米国のコミュニケーション研究者は，ディベートの手法を使って社会との関わりを作るプロジェクトを開発していった。そこで，これらの試みのいくつかから，ディベートの可能性を考えてみたい。

## ④ 社会との交差

　前節までで，ディベートは競技として大きな発展を遂げたことを確認した。しかし，その行き過ぎた技術重視の姿勢を反省し，もう

一度公共に資すためのディベート活動に立ち返る試みが各地でなされてきた。今までの教育ディベートの常識が既存のメディアを使って内輪で能力を養成するものだとすると，その後のディベート教育は，ディベーターが議論を行う能力を通じて積極的に公共にアプローチしていくもの，また，公共とのかかわりを通じてディベートのかたちそのものが変わっていく可能性をもつともいえるだろう。

　これを論じるにあたって，いくつかの例を示したい。その一つは，敷居を下げたディベート競技会やディベート・リーグを開催することである。あるアメリカのコミュニケーション研究者は，従来の調査型ディベートと即興型ディベートを組み合わせたようなディベート形式を開発した。それは，トピックと対戦表を発表した後，参加者は図書館やインターネットでの短時間のリサーチを行い，証拠資料を「読み上げることなく，必ず自分の言葉でパラフレーズ」して議論を構築し，それを互いに議論しあうという方法であった（Cirlin, 2002）。また，審判には生徒・学生の親や地域の人たちを積極的に採用していった。これは，「議論の実験場」の喩えで知られる専門的な（半）職業的な人たちがコーチングや審判を行うというこれまでのディベートのあり方からは大きな開きがある。このように，ディベートは一般の人たちが聞いて十分理解可能なスピーチを一般の人びとに判断してもらう，という形式とその意義が意識されるようになった。

　同様に，2016年からペンシルベニア州で開催されているディベート・リーグ（Frederick Douglass Institute Debate Society）では，州の高等教育専門機関と協力し，「誰でも」参加できるディベートのモデルが開発され，実践されてきている（Beerman & Shorter, 2018）。そのディベート・リーグは州という比較的小さい単位のなかで話題になっているトピックを一つ決め，大会はトピックを発表した数ヵ月後の年1回しか行わない。しかし，その大会の準備の過

程で聞き取り調査をしたりデモンストレーション・ディベートを行なったりして地域の人たちと触れあいながら議論の質を上げていき，大会に臨む。これは，ディベートの価値は大会成績に顕著に表れる結果よりも準備の過程にあると考えた大会主催者のデザインである。また，前の例と同様，そのリーグではコーチや審判には競技ディベートの参加経験のない者を含む人たちが参加するため，誰でも参加できることを売りにしており，試合のビデオを見ても普通の聞き取り能力のある米国民であれば十分に試合の内容についていけるものになっている [5]。

　もう一つ紹介したいのが，ディベートという枠組みを超え，総合的な学びの場にディベートという装置を設定する試みである。たとえば，米国ロードアイランド州で行われているディベートリーグ団体は，ここ何年か都市部に住んでいる教育機会に恵まれなかった若者に力を与えるという共通目標をかかげて活動を行なってきた [6]。米国の多くの都市部では貧困と公立学校の機能不全が社会問題になってきた。そこで，この団体は地域の若者の政治活動を支援する団体（Providence Student Union と Youth in Action）と連携しながら，独自のトピックを定めたり教育プログラムを開発して，若者のエンパワメントを推進している。

　また，ピッツバーグ大学のゴードン・ミッチェル博士は長年ディベート教育の公的な役割を考えてきたこの分野の権威であるが（Mitchell, 1995, 2011），彼は 2014 年，キャサリーン・マクティーグ博士とともに，オハイオ州とペンシルバニア州にまたがるパイマチューニング湖の現状を学ぶことを手始めとしたプロジェクトを立ち

---

5）YouTube. "Douglass Debate Society Session 1." 〈https://www.youtube.com/watch?v=aMkrePlpY4U（最終確認日：2018 年 8 月 30 日）〉

6）Rhode Island Urban Debate League. 〈http://www.riudl.org/（最終確認日：2018 年 8 月 30 日）〉

上げた[7]。このプロジェクトは学部・学科をまたぎ，希望する大学生に参加してもらい，活躍に応じて単位を与えるというかたちで始まった。たとえば，エンジニアリングを専門とする者に湖周辺の散策用のトレイル（小道）の設計と管理を，舞台芸術や現代芸術を学ぶ者には写真や動画の撮影や湖周辺のジオラマ模型作成を，そしてディベートを行うことの多いコミュニケーション学部の者には，湖の周辺を取り巻く状況について参加者を交えてのディベート・セッションや地域の人たちを巻き込んでのパブリックディベートを開催することで，理解を深めるという試みを行なっている。

　ここであげたいくつかの試みは，たしかに第二次世界大戦までのディベートクラブにあった公共善の価値にかなっている。ただ，ここにおいてディベートは単に口頭弁論の技術を通じて公共の質を上げるというだけではなく，社会とより深いレベルで関係しあっているように思われる。現在のディベートはそれぞれの立場に直接的に関係する人たちを巻き込み，学びあいながら，地域を変革する要素の一つとなっているからだ。

> 教育ディベートは──それがどんな教育のレベルでなされるにしても──実際に存在しているところのコミュニティの変化を促すよう改革されなければならない。改革は学校というコミュニティから始まり，生徒・学生が生活するコミュニティやディベートチームが共同して参加するコミュニティに至るまでを含む（McIntosh & Milam, 2016: 421）。

---

7) YouTube. "2014 ACIE: Gordon Mitchell and Kathleen McTigue" 〈https://www.youtube.com/watch?v=ibv1wiBK_4E&feature=share（最終確認日：2018 年 8 月 30 日）〉

　ここで論じられているようにディベートクラブを変えていくことは，所属する生徒・学生に「何のためにディベートをするのか」ということをより強く意識させ，ディベートで得られるスキルが一生役に立つものなのだということを学ぶ，またとない機会になるかもしれない。そして，このように組織されたディベート活動は，討議の形をとって公共にメッセージを仲介するにとどまらない。ディベートは公共とともに議題を熟議し，メッセージを産出することで，社会を動かすより直接的なアクターとなるのだ。

---

◉ディスカッションのために
1　『サムサッカー』（映画），*Rocket Science*（映画），『グレート・ディベーター　栄光の教室』（映画），『キャンディージャー』（映画）などの，ディベートについての映像作品を観てみよう。作品のなかのディベートの様子と役割を考えよう。
2　自分たちが所属する組織やコミュニティの変化を問う簡単なディベートをやってみよう。その結果，トピックについての理解がどう進み，意見がどう変わったかを話しあおう。
3　「ディベート」とはどのような活動であると本章を読む前に考えていたか。そして，その理解は本章の記述を読み，いかに変化したか。

---

**【引用・参考文献】**

伊豆田達志・蟹池洋一・北野宏明・並木　周（1985/2005）．『現代ディベート通論　復刻版』ディベート・フォーラム出版会

全国教室ディベート連盟（2018）．『第 23 回　全国中学・高校ディベート選手権』全国教室ディベート連盟

中川智皓（2017）．『授業でできる即興型英語ディベート　改訂第 1 版』パーラメンタリーディベート人材育成協会

師岡淳也・青沼　智（2013）．「パブリックディベートの可能性——議論不在の状況を乗り越えるために」池田理知子［編著］『メディア・リテラシーの現在——公害／環境問題から読み解く』ナカニシヤ出版，

pp.151–176.

Bartanen, M. D., & Littlefield, R. S. (2013). *Forensics in America: A history.* Lanham, MD: Rowman & Littlefield.

Beerman, R. J., & Shorter, S. R. (2018). Meeting students where they are: Using social justice as a call for participation. In K. Copeland, & G. L. Castleberry (eds.), *Competition, community, and educational growth: Contemporary perspectives on competitive speech and debate.* New York: Peter Lang. pp.189–197.

Cirlin, A. (2002). A public debate manifesto. In J. E. Rogers (ed.), *Transforming debate: The best of the international journal of forensics.* New York: IDEA. pp.140–148.

Davis, W. H. (1915). Debating as related to non-academic life. *Quarterly Journal of Public Speaking, 1*(2), 105–113.

Keith, W. M. (2007). *Democracy as discussion: Civic education and the American forum movement.* Lanham, MD: Lexington Books.

McIntosh, J., & Milam, M. (2016). Competitive debate as competency-based learning: Civic engagement and next-generation assessment in the era of the common core learning standards. *Communication Education, 65*(4), 420–433.

McKown, J. (2017). Renewing a "very old means of education": Civic engagement and the birth of intercollegiate debate in the United States. In J. M. Hogan, J. A. Kurr, M. J. Bergmaier, & J. D. Johnson (eds.), *Speech and debate as civic education.* University Park, PA: Pennsylvania State University. pp.36–52.

Mitchell, G. R. (1995). Time for an activist outward turn in academic debate. In R. Solt (ed.), *United States foreign policy: China cards.* Winston-Salem, NC: Wake Forest University. pp.4–7.

Mitchell, G. R. (1998). Pedagogical possibilities for argumentative agency in academic debate. *Argumentation and Advocacy, 35*(2), 41–60.

Mitchell, G. R. (2011). iSocrates: Student-led public debate as cultural technology. *Controversia, 7*(2), 54–75.

# 第11章

# 現代メディア環境と公的メッセージ

「保育園落ちた日本死ね！！！」が
われわれに投げかける挑戦をめぐって
小西卓三

　　　　　　　　　2月は，保育園に子どもが入れるかどうか心配な人たちにとっては極めて重要な時期である。一人の子どもが待機児童になることで，子育てに影響がでるのは当然のこととして，親（おそらく多くの場合は母親）の4月以降の生活，長期的なキャリアや生涯賃金に影響し，同僚や祖父母などの家族の生活にも影響がでる。

　2016年2月15日，「保育園落ちた日本死ね！！！」というタイトルで公開された「はてな匿名ダイアリー」の記事*は，時宜を捉えていたこともあり，衆議院の予算委員会で取り上げられ，参議院選挙の一つの争点となり，さらに「新語・流行語大賞」の候補としてもノミネートされた。「保育園落ちた日本死ね」という記事によって，待機児童の問題は社会的に大きく注目されることになったのである。

　〈今・ここ〉を拡張させるメディアテクノロジーによって，「保育園落ちた日本死ね！！！」のメッセージは多くの人びとに共有された。匿名であり，また，感情むきだしともいえるその公的メッセージの意義を，コミュニケーション研究はどのようにして，また，どれだけつまびらかにできるのだろうか。

---

*https://anond.hatelabo.jp/20160215171759（最終確認日：2019年8月25日）

# 1　はじめに：コミュニケーションモデルとその限界

　米国で出版されているコミュニケーション学の入門書やパブリック・スピーキングの書籍には，多くの場合，コミュニケーションのプロセスを説明する基礎理論・モデルが紹介されている。おそらくシャノンとウィーバーのモデル——それは通信／コミュニケーションにおいて信号を正確に送るために考案されたものである——に影響を受けていると思われるのだが[1]，「語り手」「メッセージ」「回路」「聴き手」「フィードバック」「障害」「状況」で構成されるモデル（Lucas, 2015: 18-22）はその一つである。あるいは，メディア記号論の専門家である石田英敬は，言語学者のロマーン・ヤコブソンの六機能モデル——「発信者」「受信者」「メッセージ」「コード（メッセージを理解するための規則の総体）」「コンタクト（物理的な回路と心理的なつながり）」「コンテクスト」の六つの要素によって構成される——に言及しつつ，それをソシュールの「ことばの回路」を発展させ，シャノンとウィーバーのモデルを考慮した 20 世紀で「最も総合的な記号図式」とみなしている（石田，2003: 103）。

　なお，これらのモデルは，現実の（スピーチ）コミュニケーションを分析し，解釈し，評価するための参照軸として用いられる。ルーカスはこのモデルの一般性を主張するにあたって，「いかなるスピーチ・コミュニケーションであっても，七つの要素が存在する」（Lucas, 2015: 18）と指摘しているが，他方で石田は，言語やその他の記号によるコミュニケーションの多くにおいて，ヤコブソンによるモデルの六機能に対応するものを認められると指摘している（石

---

1）シャノンとウィーバーのモデルには「フィードバック」は存在せず，ルーカスが紹介するモデルの用いる述語と多少の異同がある。さらにルーカスの紹介するモデル出典が明示されていないため，これが彼の創作物なのか誰かの概念を流用したものなのかは明確ではない。

田, 2003: 103–104）。

　このような一般性・汎用性がうたわれるコミュニケーションモデルであるが，ヤコブソンのモデルについて，石田はその「理想化とその前提条件」に注目して四つの限界をあげている（石田, 2003: 106）。第1に，コミュニケーションモデルは発信者と受信者の力の対称性を前提にしているが，実際のコミュニケーションは非対称的な力関係のもとでも起こる。筆者は大学での授業を仕事の一部としているが，そこでは教員が講義し，グループワークの指示を出し，学生に発表を促し，コメントを求めるといったかたちで，授業運営の舵取りは教員が行うことになる。また，授業以外のさまざまな場面においても，親子関係，上司と部下の関係，年長者と年少者の関係など，メッセージ発信の機会はコミュニケーションの参加者に対称的に振り分けられているわけではない。

　第2に，メッセージを理解するための規則であるコードが共有されていないことにより，メッセージの分析・解釈が十分にできない場合がある。言語コミュニケーションを考えてみた場合，たとえば研究者間で共有されている術語を知らないために学問上の知見が理解できなかったり，特定のグループ内で使われる言葉を知らないために話されていることが理解できなかったり，一つの言語しか話さないために他の言語で表現されることを理解できないことなどが起こりうる。筆者は講義中に奄美のことば[2]――日本の「危機に瀕する言語」の一つ――で話すことがあるが，語彙とイントネーションが「日本語」と比べてだいぶ違うからか，学生たちはキョトンとしつつ少し笑うといった反応を示すことが多い。コミュニケーションの参加者にとって，コードが均質的に共有されていない事態は，非言語のコミュニケーションでも起こりうる。たとえば同じ音楽を聴いていても，和音や長短調を知らないために理解が異なったり，ピカソの絵を見ていても，キュービズムの規則を理解していないた

めにそれを評価できなかったりすることもあるだろう。

第3の問題点として，石田はコミュニケーションモデルが〈今〉を強調しているが，文字，写真，電子メールなどでは時間性が重要な要素となっている点を取り上げている。さらに石田は近年の著作において，さまざまな「記録テクノロジー」と「遠隔テクノロジー」によって構成されるメディア・コミュニケーションが，人びとの意識を囲い込むようになっている，と指摘している（石田, 2016: 62-63; 石田・東, 2019: 49-51）。たとえばLINEやSkype，ポケモンGOは，コミュニケーションが〈今・ここ〉に縛られることなく可能となっていることを示しており，それによって，対面で実践されるコミュニケーションと紐づけられたモデルの限界をうかがい知ることができる。

第4に，石田はコミュニケーションモデルが個人という発信者を強調している一方で，集団や匿名的存在の発信者が存在すると述べている。たとえば筆者が子どものころ，「藤子不二雄」は二人の漫画家の共同ペンネームであり，共作していると聞いていたが，実際は一つのペンネームを使う二人の漫画家が別々の作品を描いていた。また，組織自体やその長が組織を代表して発言する場合，その発言を誰のものとしてよいのかは明確でない。さらに，匿名性の高いネットの掲示板での発言の場合も，特定の個人によるものとは確定し

---

2) UNESCOの「危機に瀕する言語（UNESCO Atlas of the World's Languages in Danger）」〈http://www.unesco.org/languages-atlas/（最終確認日：2019年8月14日）〉によると，日本では「アイヌ語」「八重山語」「与那国語」「八丈語」「奄美語」「国頭語」「沖縄語」「宮古語」の八つが危機に瀕する言語とされている。UNESCOが用いる「言語（languages）」を，「言語・方言」と併記して翻訳する立場を文化庁は採用している（文化庁「消滅の危機にある言語・方言」〈http://www.bunka.go.jp/seisaku/kokugo_nihongo/kokugo_shisaku/kikigengo/index.html（最終確認日：2019年8月14日）〉）。

づらい。さらに，空を流れる雲や頬にあたる風から季節の変わり目を感じるといった場合，メッセージは季節の変わり目を感じる受信者が作り出したものであって，誰かが発信したものではない。

　これまであげたように，「参加者間の力の対称性」，「メッセージ解釈コード（規則）の共有」，「〈今・ここ〉の前景化」，「個人の強調」という前提条件を検討の俎上に載せると，汎用的とされるコミュニケーションモデルの限界が浮かびあがってくる。本章では，社会の問題を深く把握してそれを厳しく指摘しながらも，「新語・流行語大賞」として取り上げられるに至った一つのメディアイベントとして，「保育園落ちた日本死ね！！！」というメッセージをいかにして理解していけばよいのか，石田が指摘するコミュニケーションモデルの限界――匿名性，メッセージの解釈規則，〈今・ここ〉――を参照点としながら考察を展開したい。そして本章での考察を通して，メディアテクノロジーによって変容しつつあるコミュニケーションのあり方を理解するとともに，現代に一般的・汎用的なコミュニケーションモデルのアップデートをすることは可能なのか，それに付随する諸論点を提示することにしたい。

## ❷ 「保育園落ちた日本死ね！！！」は 〈誰の〉メッセージか ─────────

　「保育園落ちた日本死ね！！！」が公開されたのは，2016年2月15日のことである[3]。このメッセージは，「匿名」で，しかも家にある個人の日記帳ではなく，『はてな匿名ダイアリー』という開かれた場所に書き込まれた。誰が発したかはわからないようになって

---

3)「保育園落ちた日本死ね！！！」『はてな匿名ダイアリー』（2016.2.15）〈http://anond.hatelabo.jp/20160215171759（最終確認日：2019年8月13日）〉

いるものの，「待機児童問題」という公的な争点に関する，公開の
メッセージだといえる。

　内容としては，保育園の選抜に落ちたため働く意思はあるものの
仕事を辞めなくてはならず，「一億総活躍」をうたう社会で活躍が
できないこと，子どもを預けられないと少子化は止まらないこと，
保育園を増やせないのならば児童手当を増やすことで少子化対策を
してほしいこと，さらに財源には国会議員を半分に削減することで
まかなうとよいといった主張が展開されている。オリンピックへの
無駄遣いや国会議員による不倫，支持者へのウチワの配布など，当

---

何なんだよ日本。

一億総活躍社会じゃねーのかよ。

昨日見事に保育園落ちたわ。

どうすんだよ私活躍出来ねーじゃね
ーか。

子供を産んで子育てして社会に出て
働いて税金納めてやるって言ってる
のに日本は何が不満なんだ？

何が少子化だよクソ。

子供産んだはいいけど希望通りに保
育園に預けるのほぼ無理だからw
（原文ママ）って言ってて子供産むや
つなんかいねーよ。

不倫してもいいし賄賂受け取るのも
どうでもいいから保育園増やせよ。

オリンピックで何百億円無駄に使っ
てんだよ。

エンブレムとかどうでもいいから保
育園作れよ。

有名なデザイナーに払う金あるなら
保育園作れよ。

どうすんだよ会社やめなくちゃなら
ねーだろ。

ふざけんな日本。

保育園増やせないなら児童手当20
万にしろよ。

保育園も増やせないし児童手当も数
千円しか払えないけど少子化なんと
かしたいんだよねーってそんなムシ
のいい話あるかよボケ。

国が子供産ませないでどうすんだよ。

金があれば子供産むってやつがゴマ
ンといるんだから取り敢えず金出す
か子供にかかる費用全てを無償にし
ろよ。

不倫したり賄賂受け取ったりウチワ
作ってるやつ見繕って国会議員を半
分位クビにすりゃ財源作れるだろ。

まじいい加減にしろ日本

**資料 11-1　「保育園落ちた日本死ね！！！」全文**

時の報道も憤怒の源として活用しつつ，公共政策を必要とする待機児童問題について強く訴えている。

　資料11-1に全文を引用しておくが，「保育園落ちた日本死ね！！！」は，激しいことばで怒りを前面に打ち出した語りを特徴としている。その語り口が人びとの注意を引いたのか，翌日にはNHKで取り上げられたのを皮切りに，連日報道されることとなった[4]。1週間後の2月22日にはTVが発言者にインタビューをしており[5]，3月に入っても産経新聞[6]や読売新聞[7]，ハフポスト[8]がネットを通して発言者のコメントを聞いて掲載している。

　ネット，新聞，TVなどが発言者を特定してその実在性を明らかにしたことで，さらに「保育園落ちた日本死ね！！！」は国会にも影響していく。2月24日の衆議院予算委員会公聴会では，与党が推薦した公述人の白石真澄がネットで拡散されたこの日記を紹介し，「保育活動，保活の難しさというものを浮き彫りにした」と述べている[9]。29日の衆議院予算委員会で，ふたたび山尾志桜里議員に

4) 境治「「保育園落ちた日本死ね」ネットとテレビで響きあい国会に届いた"絶望"」（2016.3.3）〈https://news.yahoo.co.jp/byline/sakaiosamu/20160303-00054988/（最終確認日：2019年8月15日）〉
5) 「「保育園落ちた日本死ね‼」投稿は私です！30代前半。来月に息子1歳」『JCASTテレビウォッチ』（2016.2.22）〈https://www.j-cast.com/tv/2016/02/22259165.html?p=all（最終確認日：2019年8月14日）〉
6) 「「日本死ね！」発信者の匿名女性が取材に答えた　過熱する「保活」に親たちの怒り広がる」『産経新聞』（2016.3.4）〈https://www.sankei.com/life/news/160303/lif1603030040-n1.html（最終確認日：2019年8月14日）〉
7) 「待機児童解消へ　新対策チーム　政府・与党　匿名ブログ　反発を沈静化」『読売新聞』2016年3月11日東京朝刊，p.2.
8) 笹川かおり「「保育園落ちた日本死ね」ブログの本人がいま伝えたいこと　「どの党に所属していようが関係ない」」（2016.3.14）『HUFFPOST』〈https://www.huffingtonpost.jp/2016/03/14/hoikuenochita-blog-_n_9457648.html（最終確認日：2019年8月14日）〉

よって取り上げられたとき，安倍晋三首相は，「はてな匿名ダイア
リーというのが出典なんでしょうけれども，これは，本当に実際に
起こっているのかどうかということは我々も確認しようがありませ
んから，これ以上我々も議論のしようがないわけでございます」と
述べている[10)11)]。

　「保育園に落ちた」という発言を疑問視する安倍首相の答弁が国
会から再度ネットの世界へと伝えられたことで，その後，ツイッタ
ー上では「＃保育園落ちたの私だ」，「＃保育園落ちたの私と私の仲
間だ」というハッシュタグが作られるに至り，ついに3月9日には
待機児童解消を求める2万8千人の署名が塩崎恭久厚生労働大臣に
届けられた[12)]。3月11日付の『読売新聞』は，政府・与党が待機
児童問題の対策を打ち出す方針を報道しており，わずか10日ほど
で国の政策に変化が生じたといえる。

　この一連の流れが示すのは，もともと匿名で，「誰かに読んでも
らうという事は想定していなかった」[13)]メッセージの発信者が確定
され，さらに「＃保育園落ちたの私だ」や「＃保育園落ちたの私と

---

9)　『第190回国会衆議院予算委員会公聴会議録第1号 平成28年2月24日』，
　　p.6.〈http://kokkai.ndl.go.jp/SENTAKU/syugiin/190/0030/19002240030001.
　　pdf（最終確認日：2019年8月14日）〉
10)　『第190回国会衆議院予算委員会議録第17号　平成28年
　　2月29日』，p.27.〈http://kokkai.ndl.go.jp/SENTAKU/
　　syugiin/190/0018/19002290018017.pdf（最終確認日：2019年8月14日）〉
11)　この発言の直後に，安倍首相は保育所に入れない児童が多数いることは
　　承知していること，政権下で受け入れ児童数を増やしたこと，保育の仕
　　事から離れた人や保育士を目指す人への支援などを行っていることな
　　どに言及しており，待機児童の問題自体を過小評価しているわけではな
　　いこともうかがえる。
12)　境治「「＃保育園落ちたの私だ」無名の母親たちが起こした，空
　　気に対する革命」（2016.3.14）〈https://news.yahoo.co.jp/byline/
　　sakaiosamu/20160314-00055411/（最終確認日：2019年8月15日）〉

私の仲間だ」という派生的なメッセージの感染・拡散や署名活動を通して待機児童問題に実体が与えられ，私たちのメッセージ（輿論／世論）に変容し，公共政策に影響を与えていく過程である。「保育園落ちた日本死ね！！！」は，もともとは『はてな匿名ダイアリー』で書かれた匿名のメッセージであったが，それは派生的に，たしかに存在する親たちのメッセージとして共有されていった。それは個人のメッセージ送信を超えた拡張的なコミュニケーションであり，それを既存のコミュニケーションモデルによって捉えることはもはや困難であるともいえよう。

**③**　「保育園落ちた日本死ね！！！」は
　　〈どのように理解しうる〉メッセージか —————

　「保育園落ちた日本死ね！！！」は公的な争点をめぐって，インターネット上で公開されたメッセージである。レトリック（弁論術・修辞学）は輿論／世論形成の場である公共圏の言論[14]に関わる学問であるが，その視点に依拠することで，私たちは「保育園落ちた日本死ね！！！」をどのようなコードを用いて適切に理解しうるだろうか。

---

13）笹川かおり「「保育園落ちた日本死ね」ブログの本人がいま伝えたいこと　「どの党に所属していようが関係ない」」（2016.3.14）『HUFFPOST』〈https://www.huffingtonpost.jp/2016/03/14/hoikuenochita-blog-_n_9457648.html（最終確認日：2019 年 8 月 14 日）〉

14）（政治）演説・（法廷）弁論・（儀式における）スピーチなど，レトリックが関わる「言論（スピーチ）」に付与されたさまざまな訳語は，言論を包括的に理解しにくくしている。しかしながら，日本国憲法の「言論の自由」が "freedom of speech" と訳されるように，「スピーチ」は元来深い政治性をもつ。日本でも，「ヘイトスピーチ」という言葉でスピーチの政治性が浮かびあがっている。「スピーチ」という言葉の政治性については，2019 年の日本コミュニケーション研究者会議での師岡淳也氏，今井達也氏，花木亨氏の発言に多くを負っている。

　新しいレトリックを展開したカイム・ペレルマンは，議論の妥当性を理性的な普遍的聴衆の同意に求めており（ペレルマン, 1980: 41-42），市民的公共圏における討議[15]の重要性を説いたユルゲン・ハーバーマスは，原理的に誰もが参加できる空間において，議論の強さのみで決定される討議を通じて輿論が形成されるとしている（Habermas, 1992: 260）。さらに，ハーバーマスなどに依拠しながら公的言論について考察した政治理論・思想史研究者の齋藤純一は，「語彙」，「感情の抑制」・「明瞭な発話」・「話の簡潔さ」などが重要な要素となる「合理的な」語り方，公私の区別を考慮してふさわしいテーマを選ぶ能力など，「言説の資源」が公共性への実質的アクセスを左右すると述べている（齋藤, 2000: 9-13）。

　このような論理性を重視する言論産出の視点に依拠した場合，「保育園落ちた日本死ね！！！」というメッセージは，それほど高く評価できるものではない。日記が指摘するような不倫する議員，賄賂を受け取る議員，オリンピックで無駄遣いをする議員，ウチワをつくる議員などが実際に存在するとしても，彼／彼女たちによって待機児童問題に悪影響が出ているのか，また，彼／彼女たちがいなくなると問題解決に十分な財源が確保できるのかなどは立証されていない。さらにそのような問題を抱える議員であっても，政策立案・実行能力があればよいという見方もありうる[16]だろうが，記事ではそのような批判も考慮されていない。「保育園落ちた日本死ね！！！」で展開された主張が人の耳目を集めたのは事実ではある

---

15) ハーバーマスにとっては，レトリックではなく討議（discourse）やコミュニケーション的行為（communicative action）が鍵語である。しかしながら，討議やコミュニケーション的行為について議論を展開する際に北米の非形式論理学者やコミュニケーション研究者の知見に依拠して論理的・弁証法的・レトリック的視点を扱っていることをふまえると，論理的言論である討議はレトリックや非形式論理学と親和性が高いと考えられる。

が，それは「言論が論理的だったから」というわけではなさそうである。読売新聞の編集委員の原昌平は，「上品にお願いしたら，政府高官は耳を傾けてくれましたか」とし，怒っているのだから「品がないのは当たり前だ」としている[17]。つまり，この日記が訴求力をもっていたのは，あえて激しい語彙を選び，感情を抑制していなかったためであり，メッセージ解釈規則としてペレルマン，ハーバーマス，齋藤が推奨する論理的なコードを参照しても，この日記の意味は十分に理解できないと考えられる。

　公共圏の言論に関わり，価値や態度，行動の形成に関わる学問であるレトリックは，論理的なコードのみで構築されてきたのではない。20 世紀に独自のレトリック理論を展開したケネス・バークは，論理性ではなく「同一化（identification）」と「同質性（consubstantiality）」の原理によって言論を理解しようとした。

> 　A とその同僚 B とは同一ではない。だが，かれらの興味が一致している限りにおいて，A と B は同一化できる。あるいは，かれらの興味が一致していない時ですら，そうであると想定したり，信じるように説得されれば，A は B に同一化するかもしれ

---

16) 日記の作者は，予算委員会で日記を取り上げた山尾氏が民主党を離党した際に，「個人的に政治家って日本が良くなる事をどんどん実行実現していく能力さえあれば私生活はどうでもいいと思うのですが，そういう訳にもいかないですよね」と発言したと報道されており，政治家の能力と私生活を区別して考えていることがうかがえる（「「保育園落ちた」ブログの人が言及　「不倫騒動」山尾氏に突きつけた「疑問」」『J-CAST ニュース』（2017.9.8）〈https://www.j-cast.com/2017/09/08307969. html?p=all（最終確認日：2019 年 8 月 14 日）〉）。

17) 原昌平「［今日のノート］叫びが動かす」『読売新聞』2016 年 3 月 19 日大阪朝刊，p.12.

> ない。
> ここに実質の多義性がある。Ｂと同一化する上で，Ａは自分以外の誰かと「実質的に一つ」となる。しかしながら同時に，Ａは唯一の存在で，動機の単一の中心地でありつづける。故にＡは合体するとともに別個であり，別個の実質であると同時に他者と同質である。（バーク，2009: 53, 訳文は本章筆者により一部修正）

　バークの視点によると，「同一化」──それは共通する関心や「実質」をともにしていると想定／確信することで達成される──によってメッセージの訴求力が高まると捉えられる。そしてそのような視点は，「保育園落ちた日本死ね！！！」という主張が拡散され，共有されるコミュニケーションプロセスを理解するうえで有用である。匿名ダイアリーに掲載された最初のメッセージと，そのメッセージに触発された「＃保育園落ちたの私だ」，「＃保育園落ちたの私と私の仲間だ」というハッシュタグは，別々の発信者が，「保育園落ちた」という実質を共有する過程だといえる。つまり発信者たちは，自分も自分の仲間も「保育園落ちた」のであり，その限りにおいて「同一化」しているのだ。実際のところ，「日本死ね！！！」という激しい怒りの実質がどれほど共有されているのかはわからない。しかしながら，その怒りの源泉である「保育園落ちた」という実質は，たしかに共有されて「同一化」が促され，結果として，意義ある輿論／世論が形成されたと評価することができる。

　バークの「同一化」と「同質性」の原理は，根拠から主張を導く議論の合理性を後景化させながらも，特定の主張の訴求力を説明してくれる。理性的対話を強調するハーバーマス的視点が強調される市民的公共性に対置して，ファシスト的公共性を検討したメディア史家の佐藤卓己は，大衆民主主義では街頭デモなどの参加の感覚

が重要視され，「民主的参加の活性化は集団アイデンティティに依存して」いると述べている（佐藤, 2018: 5–6）。「保育園落ちた日本死ね！！！」というメッセージが拡散して国会に影響を与える過程で，ネット上の署名活動や国会前での示威行動が行われていたことをふまえると[18]，論理的説得や理性的対話という視点よりも，バーク的な「同一化」と「同質性」の方が，メッセージがいかに評価されて拡散されていったのかを理解するには有効な視点だといえよう[19]。

　さらにバークの視点は，佐藤が峻別する必要性を訴える輿論（public opinion）と世論（popular sentiments）の違いを明確化するうえで有用である（佐藤, 2008: 13–39）。すなわち「理性的討議による合意」「真偽をめぐる公的関心（公論）」「タテマエの言葉」を強調する輿論と，「情緒的参加による共感」「美醜をめぐる私的心情（私情）」「ホンネの肉声」を強調する世論に対して意識的になることで，共有されているのが議論にもとづく合意事項なのか，参加感にもとづく共感なのかを理解することができるだろう（佐藤, 2008: 39）。も

---

18）境治「「日本死ね→書いたの誰だ？→#保育園落ちたの私だ→国会前スタンディング」絶望の不思議な連鎖」（2016.3.7）〈https://news.yahoo.co.jp/byline/sakaiosamu/20160307-00055111/（最終確認日：2019年8月14日）〉

19）石田英敬と東浩紀は，デジタルのコミュニケーションはフロイト的な「同一化」の視点よりもタルド，ドゥルーズとガタリの「模倣」や「感染」の視点を用いた方が適切に理解できるとしている（石田・東, 2019: 293–339）。しかし，その事例とされるドナルド・トランプは，そもそも社会階級の面で多くの聞き手が同一化しづらく，「模倣」や「感染」と親和性が高い。つまり，デジタルコミュニケーションの一般的な説明原理として「模倣」や「感染」がより妥当なのかは，さらなる検証が必要だろう。さらに，バークがどれほどフロイトの影響を受けつつ「同一化」という術語を用いているのかはさらなる検討が必要である。そのようなことをふまえても，「感染」という鍵語は「感染のコミュニケーション（viral communication）」にも通じる視点であり，「保育園落ちた」というメッセージが広まっていくもう一つの説明原理として有効であると感じられる。

ちろん，佐藤も認めているように，輿論と世論は現実的には峻別が困難な場合がある（佐藤, 2008: 39, 315-316）。「保育園落ちた日本死ね！！！」はホンネの肉声をもって，情緒的共感を喚起したという点では世論的側面が強い。しかしながら，国会でその真偽が疑われたことに対して待機児童問題に実体を与えようとした署名活動や示威行動は，（理性的討議ではないものの）真偽をめぐる公的関心を言語・非言語行為に訴えて表明した側面が強いといえる。

 **4 「保育園落ちた日本死ね！！！」は〈いつ・どこで〉発信されたメッセージか**

　「保育園落ちた日本死ね！！！」は，2016 年 2 月 15 日に『はてな匿名ダイアリー』に公開された記事ではあるが，デジタルネットワークに書き込まれたデジタルデータ（0 と 1 の文字列）で構成されたメッセージであるため，その場に固定されたものではない。

　思いがけずそのことを私たちに理解させてくれるのは，掲載サイトである『はてなダイアリー』の 2019 年 7 月 26 日におけるサービス終了 20) である。新聞，雑誌，本のように物理的な基盤があり，図書館などで参照できるアナログメディアとは違い，デジタルデータは複製こそ容易だが保存の安定性には欠ける。時の経過とともに史料となるデータの保存は，歴史学のような学問にとって重要な課題であると佐藤は指摘している。この日記のように，社会的に大きな影響を与えたメッセージも，〈ここ（発言の場）〉から自律的に扱われることで追加される（または取り除かれる）意味について考えていく必要がある 21)（佐藤, 2018: 25-29）。

---

20) 「2019 年春「はてなダイアリー」終了のお知らせと「はてなブログ」への移行のお願い」『はてなダイアリー日記』（2018.8.30）〈https://diary.hatenastaff.com/entry/20180830/blog_unify（最終確認日：2019 年 8 月 16 日）〉

　また，このメッセージが発信された〈その時〉に結びつけられた
ものでないことは，ネット，新聞，テレビ，国会などで繰り返し参
照されていることから明らかである[22]。このメッセージが拡散さ
れる状況で行われた国会前での抗議活動の主導者は，ツイッター上
で「……お昼食べて国会前に行く事にする。# 保育園落ちたの私だ
プラカで。落ちたの 20 年前だけどね。問題が冷凍保存されてるみ
たいに，劣化してないのわかったからね」と述べており，同一化さ
れている「保育園落ちた」というメッセージが指摘する問題が長期
にわたって実体をもっていた点を伝えている[23][24]。「保育園落ちた
日本死ね！！！」というメッセージは，公開された時から現在に至
るまで私たちに影響を与え続けているだけでなく，発信以前の時に
まで遡って過去の類似した問題を掘り起こす機能を果たしているこ
とも，このツイートは示している。おそらくこの記事は，これから
も毎年 2 月には待機児童問題に悩む人たちによって反復的に参照さ

---

21)「はてなダイアリーからはてなブログへの自動移行が完了し，は
　　てなダイアリーでの記事の公開が終了しました」『はてなダイア
　　リー日記』（2019.7.26）〈https:// https://diary.hatenastaff.com/
　　entry/2019/07/26/153015（最終確認日：2020 年 11 月 5 日）〉
22)　メッセージ投稿後 1 年間のツイッターとテレビの分析は境が行なって
　　いる（境治「「保育園落ちた日本死ね」から一年，テレビとネットは保
　　育園問題をどう語ってきたか」（2017.2.20）〈https://news.yahoo.co.jp/
　　byline/sakaiosamu/20170220-00067879/（最終確認日：2019 年 8 月 14
　　日）〉）。筆者が 2019 年 8 月 16 日にヨミダス歴史館で行なった「保育園
　　落ちた」というキーワード検索では，2016 年に 68 件，17 年に 12 件，18
　　年に 1 件，19 年に 2 件のヒット結果があった。
23)　@akane243 のツイート（2016 年 3 月 3 日，18:58）より〈https://twitter.
　　com/akane243/status/705588104061583361（最終確認日：2019 年 8 月
　　16 日）〉。
24)　境治「「保育園落ちた日本死ね」ネットとテレビで響きあい国会
　　に届いた "絶望"」（2016.3.3）〈https://news.yahoo.co.jp/byline/
　　sakaiosamu/20160303-00054988/（最終確認日：2019 年 8 月 15 日）〉

れることで，そのメッセージが未来へとつながっていくだろう。つまり，この日記は「過去・発言時・今・未来」を覆うメッセージとして機能しており，〈今・ここ〉を強調するコミュニケーションモデルの枠組みでは十分に理解できないことがわかる。

## 5 結びにかえて

### ❖現代メディア環境でのメッセージ理解に向けて

コミュニケーションのモデルとして紹介されるシャノンとウィーバーの理論，ヤコブソンの理論はともに20世紀中期のものであり，すべてのメッセージがデジタル化され，ネットワーク化されうる現代のメディア環境の影響を受けている（公的）コミュニケーションを明確に説明できるわけではない。モデルの一般性・汎用性の問題は，21世紀初頭に石田が的確に指摘しており，「保育園落ちた日本死ね！！！」が関わる公的コミュニケーションでも，「発信者」「メッセージの解釈規則（コード）」「発信の場と時」などの点で，コミュニケーションモデルを参照したメッセージの理解には困難がともなうことが明らかになった。

まず，「保育園落ちた日本死ね！！！」というメッセージが拡散され，共有され，輿論／世論となっていく過程には，匿名の発信者，集合的主体が関わっており，特定できる個人を発信者として想定しているコミュニケーションモデルを拡張的に修正しないと説明がつかない。つぎに，メッセージ解釈規則として論理的了解・説得の視点を用いた場合，理由には賛同しないが主張に賛同したり，理由はどうでもよいが主張には賛同するという立場がうまく説明できない。ソーシャル・メディアで多用される「いいね」を中心とした反応のシステムは，討議よりも「同一化」や「同質性」を，輿論よりも世論を注視するものになっている。最後に，メッセージ記録のデジタ

ルテクノロジーは，メッセージを発信された場所と時から解放する側面があり，〈今・ここ〉を強調するコミュニケーションモデルとは親和性がそれほど高くない。

　デジタルメディア環境でのメッセージ理解をするうえで，既存のコミュニケーションモデルがさまざまな問題を抱えているのは明白だが，そのような現実との乖離がみられるモデルがコミュニケーション研究の入門教科書に掲載され，分野の基礎知識となっていることをどのように考えたらよいのだろうか。

　分野の専門的な知見や共通感覚を深化させ，発展させる役割を担う研究者・教育者が行える行為は二つあると考えられる。まず，現在のコミュニケーションを理解するための概念的研究や実証的・経験的研究を重ねることで，コミュニケーションをより深く説明する知見を産出・共有することである。たとえば，コミュニケーションの発信者について概念的な考察や，事例にもとづく経験的な考察を行うことにより，研究者が共有する発信主体の知識は深まる。そのような深化した知識を参照して統合することで，長期的に新たなコミュニケーションモデルが構築される可能性は開かれていくだろう。

　つぎに教科書や入門書を執筆する書き手は，最新の理論を初学者にわかりやすい言葉で説明していく必要がある。最新の理論を反映した入門教科書が出版されればそれは素晴らしいことだが，実際のところ，これはそれほど簡単なことではなく，最新の理論と入門書での記述に一定のタイムラグが存在するのはある程度しかたがないともいえる。しかし，入門教科書の執筆者は最新の理論をしっかりと理解し，さらにそれを抽象化・単純化して説明しなければならない。たとえば，「同一化」「同質性」「感染」などの鍵語を用いてコミュニケーション過程をわかりやすく説明するならば，現状の教科書や入門書をアップデートできるし，望ましいコミュニケーションについての知見も共有されていく。

　以上，既存のコミュニケーションモデルを置き換える新しいモデルを構築するためにコミュニケーション研究者がとれる方策をあげてきたが，そもそも一般的・汎用的コミュニケーションモデルにあたる概念を教科書で提示することが可能なのか，立ち止まって考えてもよいだろう。一般性・汎用性があるモデルを提示することは，それが可能である限りにおいてコミュニケーションのより深い理解を促してくれる。しかしながら，デジタルネットワークの影響を受ける多様なコミュニケーションを描写することなどはたして可能なのだろうか。「同一化」「同質性」「感染」などが重要な鍵語であるとしても，それらを組み込んだコミュニケーションモデルが必要なのかどうかは別問題だろう。

　たとえば，コミュニケーション研究，言語学，哲学，コンピュータ科学などを横断する学際的な分野である議論研究（argumentation studies）では，対話モデルを提示する研究者もいるが，そのような議論の発信状況に関する理論を扱わないものの，議論自体について深い理解を促す学派も存在している。コミュニケーションモデルが存在しなくてもコミュニケーションについて深く理解する可能性は開かれているかもしれず，その可能性を含めて真剣な討議を行うことで，コミュニケーション教育に関する基礎教育の質を高めていけると考えられる。

●ディスカッションのために
1　本書の記述をふまえて，「メッセージの解釈コードの共有」，「〈今・ここ〉の共有」，「特定の個人発信者」にあてはまらないために十分に理解できないコミュニケーションの例をあげて考えてみよう。
2　「保育園落ちた日本死ね！！！」のように，多くの人びとに共有されて輿論／世論となったソーシャル・メディア発のメッセージをあげてみよう。どういったプロセスを経て，そのメッセージは共有されることになったのだろうか。
3　本章の「同一化」，「同質性」に関する記述をふまえ，私たちの日常でのコミュニケーションで「同一化」や「同質性」がどのようにあらわれるのか，例をあげて考えてみよう。

**【引用・参考文献】**

石田英敬（2003）．『記号の知／メディアの知——日常生活批判のためのレッスン』東京大学出版会

石田英敬（2016）．『大人のためのメディア論講義』筑摩書房

石田英敬・東　浩紀（2019）．『新記号論——脳とメディアが出会うとき』ゲンロン

小西卓三（2017）．「パブリック・スピーキングとメディア社会——『アメリカの大学生が学んでいる「伝え方」の教科書』を起点に」遠藤英樹・松本健太郎・江藤茂博［編］『メディア文化論——想像力の現在』［第2版］ナカニシヤ出版，pp.117-132.

齋藤純一（2000）．『公共性』岩波書店

佐藤卓己（2008）．『輿論と世論——日本的民意の系譜学』新潮社

佐藤卓己（2018）．『ファシスト的公共性——総力戦体制のメディア学』岩波書店

シャノン，C. E.・ウィーバー，W.／植松友彦［訳］（2009）．『通信の数学的理論』筑摩書房

バーク，K.／森　常治［訳］（2009）．『動機の修辞学』晶文社

ハーバーマス，J.／細谷貞雄・山田正行［訳］（1994）．『公共性の構造転換——市民社会の一カテゴリーについての探究』［第2版］未來社

ペレルマン，C.／三輪　正［訳］（1980）．『説得の論理学——新しいレトリック』理想社

師岡淳也・青沼　智（2019）．「異文化としての「スピーチ」――公の場で文化・政治を語ること」池田理知子・塙　幸枝［編］『グローバル社会における異文化コミュニケーション――身近な「異」から考える』三修社，pp.147–157.

ヤーコブソン, R.／川本茂雄［監修］・田村すゞ子・村崎恭子・長嶋善郎・中野直子［訳］（1973）．『一般言語学』みすず書房

Habermas, J.（1992）．*Autonomy and solidarity: Interviews with Jürgen Habermas.*（Revised edition）. P. Dews, edited. Verso.

Lucas, S. E.（2015）．*The art of public speaking*（Twelfth Edition）. McGraw-Hill Education.

# 第Ⅳ部　「モノ」と「現場」から考える メッセージ産出

　第IV部では「「モノ」と「現場」から考えるメッセージ産出」とのタイトルのもとで、「モノ」や「現場」に注目しながら、社会における人間とメッセージの多様な関係を論じていくことになる。

　まず、第12章の「アクセシビリティと意味解釈──お笑いコンテンツにおける字幕付与」（塙幸枝）では娯楽の領域、とくにお笑いコンテンツをめぐる情報アクセシビリティの問題を取り上げることになる。稀有な実践例である漫才への字幕付与を題材としながら、アクセシビリティをめぐる課題が単純な情報入手だけにはとどまらない、メッセージの意味解釈を射程に含む問題であることを提示する。そのうえで、（聴者）社会の不均衡な情報提示のあり方を検討していくことになる。

　続く、第13章の「図画工作・日本画・美術教育──生きることへとつながる回路」（早川陽）では、執筆者の経験をもとに小学校教員養成課程の図画工作への発展性に触れ、図画工作・美術科における「つくる」と「見る」の往還にはどういった意味があるのか、日本画の経験的な視野から論じることになる。子どもは創作とどう向き合うのか、義務教育課程の図画工作の目的とは何なのか。ここから自己と世界が生成するメディアとしての創作（物・事）の価値、残されたメッセージの読み方を明らかにしていく。

　さらに、第14章「物理的メタファーとしての建築模型──作者の視点から考察する表現方法とその効果」（野口直人）では、建築模型を考察の俎上に載せながら、そのメディアとしての役割や、それを受けとる側の多様な解釈を分析していくことになる。明確な言葉ではなく物理的なものであるがゆえに、メディアとしての広義の建築模型を捉えようとしたとき、細かい分類の明文化はあまり意味をなさない。本章では、伝える側の目的や内容とともに、それを受けとる側の観点から建築模型の意味を捉えなおすことで、メディアとしての建築模型の可能性を探っていくことになる。

　さいごに第15章の「大学教育におけるメッセージ産出──「空気」のメタファーを起点として」（板場良久）では、執筆者自らの教育実践における具体的な事例を紹介しながら、「世界システムの全体」とその「気圧配置」の複雑な動向のなかで、学生一人ひとりが自らを位置づけ、幅広い教養と抵抗力を身につけていくために必要となるメディア教育の可能性を探ることになる。

# 第12章

# アクセシビリティと意味解釈
## お笑いコンテンツにおける字幕付与
### 塙 幸枝

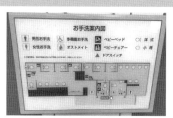

**駅構内の案内板（筆者撮影）**

　駅構内に設置された点字の案内図を見たことがあるだろうか。イラスト化された見取り図のうえに点字情報が付与され，視覚障害者にもトイレ内の設備配置がわかるようになっている。この案内図を見る人は，これが視覚的な情報を触覚的な情報に読み替えたものであると，一目で理解する。しかし，ここである素朴な疑問がわいてくる。点字をイラストの「読み替え」とするのは，あくまで視覚情報を基点としているからであって，もし点字とイラストを単純な情報の並置と捉えるのであれば，どちらがどちらの「読み替え」とはいえないのではないか。仮にこの案内板を視覚情報から触覚情報への「読み替え」とする場合にも，後者が前者の確実な「再現」や「翻訳」になるわけではない。それは点字情報から立ち現れるトイレという空間に「鏡」の表示が存在しないことからも明らかである。あるメッセージにアクセス（できるように）することは，つねにそこから広がる意味世界をともなうのである。

## **1** はじめに

「アクセシビリティ」という言葉がある。とくに「情報アクセシビリティ」（information accessibility）といったときには「情報へのアクセスのしやすさ」を意味し，しばしば「高齢者や障害者を含む多くの人びとが不自由なく情報を得られるようにすること」（大辞泉）を目指す概念として使用される。近年，アクセシビリティの問題が取り沙汰されている背景には，パソコンやスマートフォンの普及によって多くの人びとが容易に情報を入手できるようになった一方で，一部の人びとにとってはその情報が読みづらいものであったり，ときにはアクセスしにくいものであったりする状況が関わっている。バリアフリーや共生といったキーワードが注目される現代社会においてはなおさら，「誰もが同じように情報にアクセスできるようにすること」は社会的な要求として重要性を増している。

こうした状況のなかで，障害者をめぐる情報アクセシビリティの問題はかねてからその必要性が訴えられてきたにもかかわらず，いまだ十分な対策が講じられているとはいえない。むろん，一昔前にくらべれば，生活のいたるところに配慮の意識は認められる。公共施設の点字案内や音声案内をはじめ，手話通訳や字幕付与などを目にする機会も増えた。しかし他方では，東日本大震災における障害者の死亡率の高さが物語るように，生死に関わる緊急時の情報でさえ，アクセシビリティの対策が不十分な状況もある。

これが娯楽や芸術の領域ともなれば，情報アクセシビリティの手段が満足に実行される割合はさらに少なくなる。たしかに，災害時の緊急情報などと比較すれば，娯楽コンテンツや芸術作品へのアクセシビリティの優先度は低いと感じられるかもしれない。しかし，そのような優先度の高低を定めること自体が，すでに自由なアクセスを疎外する行為であるともいえる。

　本章では，これまであまり注目されてこなかった娯楽の領域，とくにお笑いコンテンツをめぐる情報アクセシビリティの問題を取り上げる。稀有な実践例である漫才への字幕付与を題材としながら，アクセシビリティをめぐる課題が単純な情報入手だけにはとどまらない，メッセージの意味解釈をも射程に含む問題であることを提示する。そのうえで，（聴者）社会の不均衡な情報提示のあり方を検討していく。

## ❷　お笑いコンテンツにおける字幕付与 ──────

　VHSやDVD等の映像ソフトにおける情報アクセシビリティの一つに，日本語字幕を付与するという方法がある。音声情報を字幕という視覚情報に変換するこの方法は，聴覚障害者のためのアクセシビリティの一環として位置づけられる。音から情報を得ることが困難な聴覚障害者が映像コンテンツをたのしむために日本語字幕付与は必須であるはずだが，実際にそれが実行される割合は少ないのが現状である[1]。

　そうした状況のなかで，2013年に発売されたDVD『サンドウィッチマン ライブツアー 2012』で実施された日本語字幕付与は，画期的な試みであったといえよう。このDVDはお笑い芸人サンドウィッチマンが2012年に行なったライブツアーを映像化した作品で，それまでは，ほとんど試みられることのなかった漫才やコントへの字幕付与を実現している。サンドウィッチマンのツッコミを担当する伊達みきおが「耳の不自由な知り合いから「お笑いDVDを

---

1) 2006年12月に日本図書館協会が実施した調査によれば，VHSの字幕付与率は0.66パーセント（2万956タイトル中139タイトル），DVDの字幕付与率は7.1パーセント（1万4000タイトル中1000タイトル）にとどまっている（全日本難聴者・中途失聴者団体連合会，2015）。

**図 12-1** 『サンドウィッチマン ライブツアー 2012』DVD パッケージ
(サンドウィッチマン, 2013)

見たことがない」と聞いたのがきっかけ」だったと語っていること
は（日本映像翻訳アカデミー, 2015），聴覚障害者がお笑いというジャ
ンルにアクセスしにくい現状を反映している。その意味で，この作
品の試みは単に一映像ソフトへのアクセスを可能にするだけでなく，
お笑いがいかに聴者社会の前提にのっとった事象であるのかを露呈
させるものであった，ともいえる。

　ただし，この作品の字幕付与には情報アクセス上，いくつかの課
題がみられることも事実である。ここでは二つの点，すなわち，文
字表記をめぐる問題と映像表示をめぐる問題，に言及しておきたい。
文字表記をめぐる問題の根底には，この作品の字幕がセリフをその
まま書き起こしたものであるという点が大きく関与している。セリ
フを単純に文字化した字幕は，当然のことながら膨大な文字数にな
る。しかもそれが話術に依拠したテンポの速い漫才ともなれば，矢
継ぎ早に表示される字幕を読むだけでも相当の労力を要する。だか
らといって，言葉の一つひとつが直接的な笑いの源泉になりうる漫
才の特性上，その発話内容を意訳することは不可能に近い。また，
字幕の表示方法にも課題は見受けられる。音声によって視聴する場
合には，1 語 1 語の発話が時間的な経過をもってなされるのに対し

**図 12-2　救急車を呼ぶシーン**（サンドウィッチマン，2013）

て，字幕によって視聴する場合には，1 文がいっぺんに表示される
ため複数の語彙を同時に知覚することになるのである。そのような
字幕表示は笑いの鍵となる「フリ」と「オチ」の関係をなし崩しに
する，つまり笑いを笑いとして翻訳することを困難にしてしまうと
もいえる [2]。

　字幕付与をめぐるもう一つの問題は，映像表示の方法に起因して
いる。たとえば本作品（とくに漫才）では，二人の演者のどちらか
一方を被写体としたバストショットを中心としながら，会話の進行
にあわせて人物が交互に切り替わるという手法が多用されている。

---

[2] この点については，伊達自身が「書き方によって字幕でオチが分かってし
　　まう場合がある」ことを指摘したうえで，「言い間違いが笑いにつながっ
　　ている ［……］ 面白さを伝えるためには漢字で書くのか，それともカタ
　　カナやひらがなを使ったりしたほうがいいのかを考える必要がある」と
　　述べている（日本映像翻訳アカデミー，2015）。

ここで注意したいのは，画面に映された人物と発話者（字幕内容の発言者）となる人物が必ずしも一致しないという点である。たとえ映像と音声にずれがあったとしても，声質などを手掛かりにすれば発話者を特定することは容易であるが，文字表記のみによって字幕内容の発言者を特定することは難しい。また，観客の笑い声が字幕化されていない点も，お笑いコンテンツをたのしむという意味では大きく影響するだろう。なぜならば，観客の笑い声は「笑いどころ」を提示する一つの参照項になりうるからである。音声を消して字幕のみによって視聴すればすぐに気がつくことだが，これらの点は一般的な「映像の文法」が音声による情報補足を前提に構成されたものであることを示唆するのである。

### ③　意味解釈をめぐる問題

　すでに確認してきたように，『サンドウィッチマン ライブツアー2012』における字幕付与は画期的な試みであるものの，文字表記や映像表示をめぐる技術的な制約によって課題をはらんでいた。それはアクセシビリティの一義的な目的である「情報にアクセスする」という段階で，字幕付与がすでにいくつかのハードルを抱えていることを示している。しかし，たとえそれらの問題が改善されたとしても，その向こう側には，さらに意味解釈をめぐる問題が横臥していることに目を向けなければならない。つまり，社会的・文化的コードの差異が意味解釈上の障壁になりうるという点を考慮しなければ，広義の意味でのアクセシビリティを実現することは難しいのである。

　たとえば発音をめぐる問題はその最たる例であろう。この作品には，同音異義語やセリフの言い回しを対象とした，音の類似性に基づく笑いが数多く含まれている。あるいは日常的な場面においても，

そのような手法は音声会話によってコミュニケーションを行う聴者にとってごくあたりまえのことかもしれない。しかし音を介さずにコミュニケーションを行う聴覚障害者にとっては，そもそも発音という概念自体に説明を要するかもしれないし，それは単に音声を文字化しただけでは解消しえないだろう。

　言葉の意味についても同様のことがいえる。すなわち，字幕が音声を忠実に書き起こしたものであっても，ある特定の言葉がそもそも聴者と聴覚障害者（ろう者）のあいだでは異なる意味に解されるような場合である。この作品に頻出する例でいえば，たとえば「すいません」や「ちょっと」などの表現をあげておくことができる。聴者はしばしば「すいません」という表現を呼びかけの意味で用いるが，ろう者にとってそれは謝罪の意味しかもちえない。また，聴者が明言を避けるために用いる「ちょっと（わからない）」といった表現も，ろう者にとってはあくまで強弱の程度として捉えられることで，「ちょっとわからない」＝「少しわからない」＝「大部分はわかる」と解釈される可能性もある（関西手話カレッジ, 2009）。

　さらに，話の状況設定そのものが聴覚障害者にとって理解しにくい文脈であるといった問題点も指摘できる。お笑いに限らずとも，電話でのやりとりが描かれた場面はさまざまな映像コンテンツのなかに認められる。しかし日常生活のなかで電話を使用しない聴覚障害者にとって，そこで展開される場景は馴染みのないものであろう。スーザン・D・ラザフォードが指摘するように，「電話」とはまさに「聴者」の象徴であり，それはときに「ステレオタイプ化された聴者像」として利用されることさえあるという（ラザフォード, 2001: 121）。

　このような問題点に思い至るとき，私たちは情報アクセシビリティをもっと多角的に考える必要に迫られる。アクセシビリティの達成とは，単に情報にアクセスできるようにすればよいというわけで

はない，アクセスにともなうメッセージの意味解釈までを射程に含むものなのである。

## 4 情報アクセスをめぐる非対称的な関係

お笑いコンテンツにおける字幕付与の事例は，映像技術がいかに聴者の視聴者を前提として構成されたものであるのかを，あるいは，お笑いの内容そのものがいかに聴者社会を前提として構成されたものであるのかを，如実に反映していた。しかし私たちは，ここでより重要な視点——そもそもなぜアクセシビリティが障害者の側にばかり課せられているのか，ということに気づかなければならない。

その答えは簡単だ。現代社会に溢れる情報の大多数が，健常者中心の様相をもつからである。さらにいえば，社会のありようそのものが健常者中心の構造になっているからである。つまり，（多くの情報が）「ともすれば音声言語を中心とする社会からろう者たちのコミュニティの中に一方的に流れ込むだけというような状況」が起きているのである（全日本ろうあ連盟, 2011: 35）。そこには明らかに，主流な情報形態とそのアクセスをめぐって，聴者と聴覚障害者のあいだの非対称的な関係が介在しているのである。これは同時に，聴者の文化と聴覚障害者（ろう者）の文化が非対称的な扱いを受けてきたことを示唆してもいる。

このような状況に対して，「ろう文化宣言」は別の視点を提起する。そこでは，「ろう」を障害ではなく文化という側面から捉えること——「ろう者とは，日本手話という，日本語とは異なる言語を話す，言語的少数者」であり，「デフ・コミュニティーは，耳が聞こえないことによってではなく，言語（手話）と文化（deaf culture：ろう文化）を共有することによって成り立つ社会」である——が要請されたのである（木村・市田, 2000）。このような視点に立つのであれば，

先にあげたお笑いコンテンツにおける字幕付与の問題は文化的コードの差異に起因するものであったと考えることもできる。

## ⑤ アクセシビリティの対象は誰か

　アクセシビリティがしばしば「高齢者や障害者を含む多くの人びとが不自由なく情報を得られるようにすること」と理解されるように，情報の発信や受信を不自由なく行うことができると感じている人びとは自らをアクセシビリティの対象者として意識する機会は少ないかもしれない。しかし，その前提となる文化の不均衡な関係を問い直そうとするのであれば，同時に，アクセシビリティの対象者が誰なのかということも問い直さなければならない。

　たとえばここで，情報アクセスをめぐる聴者とろう者の非対称的な関係を攪乱させるような，興味深い一つの事例をみてみよう。それが，ろう者と聴者からなるコンビ「ぷ〜＆み〜」による「手話漫才」なる試みである。音声言語による会話だけで展開されていく一般的な漫才とは異なり，手話漫才では手話と音声言語の両方が用いられる。すなわち，「ろう者は「手話」で，聴者は「声」で理解できる。ろう者も聴者も一緒に笑える」ことが企図されているのである（NHK 福祉ポータル・ハートネット, 2015）。

　手話漫才における情報提示の方法は，聴者とろう者双方のアクセスを可能にするという点で，アクセシビリティを有していると考えることができる。しかしより重要な点は，手話漫才が扱うテーマにある。そこでは「手話と話しことばの溝」，言い換えれば，「ろう者と聴者のあいだに生じるコミュニケーションの離齬」がテーマとされるのである。つまり手話漫才は，先述したお笑いの字幕化が抱えていたような文化的コードの差異という問題そのものを照射しようとするのである。それはまさに，聴者の側にもアクセスを求めるこ

とによって，これまで聴覚障害者の側にのみに課せられてきたアクセシビリティの不均衡なあり方に疑義を呈する試みであるといえよう。

## ⑥ 結びにかえて

本章ではお笑いコンテンツをめぐる字幕付与の事例を通じて，情報アクセシビリティが抱えるいくつかの課題について検討してきた。それらの課題は情報提示の技術的な方法に起因するだけではなく，文化的コードを前提としたメッセージの意味解釈の差異に起因するものでもあった。そこでみえてきたことは，アクセシビリティが単純なアクセスの可否を問うものではなく，アクセスするという行為にともなう解釈の多義性や，その背景にある文化の多様性までをも考慮に含むものでなければならない，という点である。

他方で，アクセシビリティの実行はアクセス手段がいかなるものであるのかということを抜きにして考えることはできない。それは，アクセス手段がアクセシビリティにともなう意味解釈を何らかのかたちで規定しうるかもしれないということを含意してもいるが，もっと単純に，あるアクセス手段を用いるということがその利用者の体験的行為を規定するからである。たとえば昨今，アクセシビリティの手段の一つとして，スマートフォンと連動したサービスが実施されている。舞台鑑賞などの場面で音声情報を好きな言語に（外国人観光客であれば日本語音声を別の言語に，聴覚障害者であれば日本語音声を日本語字幕に）翻訳できるサービスなどは，一つのシステムを利用者の個別的な状況に応じて展開できるという汎用性や，スマートフォンという持ち運び可能なデバイスによっていつでも手軽に利用できるという利便性を有している。たしかにそのようなアクセス手段はアクセシビリティの実現を高めるだろう。

　しかし，実際に舞台鑑賞中に上記のアクセス手段を利用するには，一定の覚悟が必要かもしれない。暗転した客席でスマートフォンの画面を煌々と光らせる行為は，周りの人びとからどのようなまなざしを差し向けられるだろうか。あるいは手元の画面と客席のあいだで視線を往復させることは，鑑賞行為をどのようなものとして体験させるのだろうか。本章で論じてきたアクセシビリティをめぐる意味解釈の問題が「アクセスの向こう側」を照射する視点であったとするならば，アクセス手段をめぐる問題は「アクセスの手前側」を照射する視点であるといってもよい。アクセシビリティがメッセージの解釈行為をともなうものであることを考慮するのと同様に，その行為自体がある種のメッセージ性を帯びたり，解釈の対象となりえたりしうることについても，私たちは自覚的であるべきなのかもしれない。

　いずれにせよ，アクセシビリティとは情報取得という一点だけによって成し遂げられるわけではない。情報に接触するということは，その前後に広がる意味世界に対峙するということなのである。

---

●ディスカッションのために
1　情報アクセシビリティの事例をできるだけたくさんあげてみよう。
2　上記のアクセシビリティは誰を対象としたものか，そもそもなぜアクセシビリティが必要な状況が生まれてしまうのだろうか。
3　本章で取り上げたお笑いコンテンツの字幕付与にはいくつかの課題が認められた。それらの課題に対して，あなたならどのような情報提示の方法を提案するだろうか。

---

**【引用・参考文献】**

新井孝昭（2000）．「「言語エリート主義」を問う──「ろう文化宣言」批判

を通して」現代思想編集部［編］『ろう文化』青土社，pp.64–68.

岩渕功一（2010）．「多文化社会・日本における〈文化〉の問い」岩渕功一
　　［編］『多文化社会の〈文化〉を問う――共生／コミュニティ／メディア』
　　青弓社，pp.9–34.

上農正剛（2000）．「ろう・中途失聴・難聴――その差異と基本的問題」現代
　　思想編集部［編］『ろう文化』青土社，pp.52–57.

NHK 福祉ポータル・ハートネット（2015）．「ろうを生きる難聴を生きる
　　――手話漫才「ぷ〜＆み〜企画」」〈http://www.nhk.or.jp/heart-net/
　　rounan/summary/2014/04/0406.html（最終確認日：2018 年 8 月 30 日）〉

関西手話カレッジ［編著］（2009）．『ろう者のトリセツ聴者のトリセツ――
　　ろう者と聴者の言葉のズレ』星湖舎

木村晴美・市田泰弘（2000）．「ろう文化宣言――言語的少数者としてのろう
　　者（再録）」現代思想編集部［編］『ろう文化』青土社，pp.8–17.

栗原　彬（1997）．「共生ということ」栗原　彬［編］『講座　差別の社会学
　　――第 4 巻　共生の方へ』弘文堂，pp.11–27.

サンドウィッチマン（2013）．［DVD］『サンドウィッチマン ライブツアー
　　2012』エイベックス・マーケティング

澁谷智子（2009）．『コーダの世界――手話の文化と声の文化』医学書院

関川芳孝（2002）．「情報アクセスの権利と政策」河野正輝・関川芳孝［編］
　　『講座　障害をもつ人の人権①』有斐閣，pp.158–168.

全日本難聴者・中途失聴者団体連合会（2015）．「日本の文化芸術のバリア
　　フリー化要望」〈http://www.zennancho.or.jp/special/culture20110715.
　　html（最終確認日：2018 年 8 月 30 日）〉

全日本ろうあ連盟（2011）．「聴覚障害者の情報アクセスに関するガイドライ
　　ン」

生瀬克己（2000）．『共生社会の現実と障害者――二一世紀を生きる障害者の
　　ために』明石書店

日本映像翻訳アカデミー（2015）．「「聴覚障害者向け字幕をつけるチャレン
　　ジはカッコいい」――サンドウィッチマン・伊達みきおさん独占インタ
　　ビュー」〈http://jvtacademy.com/news/?id=820（最終確認日：2018 年
　　8 月 30 日）〉

ビエンヴニュ，M. J.／鵜野ひろ子［訳］（2000）．「デフ・ユーモア」現代思
　　想編集部［編］『ろう文化』青土社，pp.195–199.

堀　正嗣［編］（2012）．『共生の障害学――排除と隔離を超えて』明石書店

ラザフォード，S. D.／鈴木清史・酒井信雄・太田憲男［訳］（2001）．「〈ろう〉
　　者には面白くても，聴者には面白くない」ウィルコックス，S.［編］『ア
　　メリカのろう文化』明石書店，pp.103–133.

# 第13章

# 図画工作・日本画・美術教育
## 生きることへとつながる回路
早川 陽

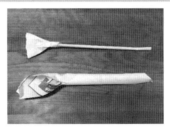

**「箒（ほうき）とスコップ」（2018 年）**

　筆者の住まいには，「紙」や「空き容器」，「粘着テープ」といった図画工作でよく使用される材料を保管している。それを4歳になる息子が取り出して，何らかの造形物へと変えていくのであるが，その経過を観察していると非常に面白い。作業が始まると集中して何かを折り畳んだり，丸めたり伸ばしたり，切ったり貼ったりをしながら，造形的な形を表す。

　本章では，子どもの造形活動からの気づき，小学校教員養成課程の図画工作への発展性に触れ，図画工作・美術科における「つくる」と「見る」の往還にはどういった意味があるのか，日本画の経験的な視野から論じるものである。子どもは創作とどう向き合うのか，義務教育課程の図画工作の目的とは何なのか。ここから自己と世界が生成するメディアとしての創作（もの・こと）の価値，残されたメッセージの読み方を明らかにする。

# 1 はじめに：子どもの創作物と学び

　筆者は日本画と美術教育を学び，大学における小学校教員養成課程で図画工作科目を担当している。大学の授業では，身近な材料を図画工作に使用する素材として豊富に用意することで，すぐにその場で生成されたアイデアを造形化することができる。そのため，普段からさまざまな日用品の片鱗，生活から出る不要な容器類を溜め込むことになる。これは造形活動によくあることで，たとえばイタリアのレッジョ・エミリアアプローチでは，工場の廃材を収集し，活用をはかるレミダ（REMIDA）[1] が存在する。日本の小学校においても，材料庫を「宝物館」[2] と名づけ，素材を大切にする試みがある。このように環境や素材に対する意識の高まりから，現代美術の領域ではジャンク（Junk）から生成されるアート（Art）が表現手法として定着し，廃材芸術（がらくた芸術）[3] として位置づけられることもある。これらは産業革命以後の廃棄された工業生産物を「反芸術」として提示するダダにはじまり，1950 年代のネオ・ダダに至っては，工業社会の廃品やゴミに囲まれる自然環境を肯定する

---

1）レミダ（REMIDA）は，レッジョ・エミリアアプローチを支援する財団，レッジョ・エミリア市，廃棄物を収集する会社が共同設立した施設で，市内の工場で廃棄される布の切れ端やプラスチックの部品・ネジ・ゴム・紙類などを素材として収集・安価で教育関係者に配布する。

2）ドキュメンタリー映画，野中真理子（2004）『トントンギコギコ図工の時間』のなかに登場する取り組みで，東京都品川区立第三日野小学校の図工室が舞台となっている。当時東京都の小学校図画工作専科であった内野務は，図画工作の材料庫（校内で出る廃材を保管した場所）に「宝物館」という看板を掲げ児童の意思で材料を選択させる試みを実践する。

3）ジャンクアート（Junk Art），廃材芸術（がらくた芸術）における手法としては，「寄せ集め（ラウシェンバーグ），圧縮（セザール），収集（アルマン），その他にゴミを使って家を建てるなど，ゴミの材料化もある」（若林, 1987: 140）。

ことにより，芸術にふたたび美学を落とし込んだとされる。この影響は大きく，廃品を材料の選択肢とする手法が，現在の学校教育においても「造形遊び」や「工作」として日常的な風景となっている。

　子どもの造形はもう少し手仕事的・手工的で，たとえば手の内におさまる多様な紙を折ったり切ったりしながら糊で貼りあわせることで，意味のある形態へと変容させる。創作物を道具等に見立てて，その意味を伝えることで，コミュニケーションのツールとなるものであり，これらの作品はメディアの一種といえる。

　矢野智司によると，「親子が試行錯誤のなかで，メディアを介してごっこ遊びという特殊なコミュニケーションの仕方を，教え―学ぶ姿をみることになるだろう。[中略]「心」で捉えられた意味は，あらかじめ確定し固定されてはおらず未決定であり，意味はメディアによって方向づけられ焦点化されて象られていくのである。メディアを通してのかかわりのなかで，意味は刻々と生まれ，そのかたちも刻々と変化していく」（矢野, 2014: 6）と指摘するが，そう考えてみると，メディアとは子どもの一連の行為＝実践のうちの中間項をなすものといえる。

　子どもの工作は 1 日の流れのなかで，遊びとして始まるものである。筆者の息子は 4 歳になって，鋏を使うことに興味をもち，折り紙や塗り絵をするほか，家では透明なテープを使用するようになった。それらの組み合わせで，紙の工作が発生することになる。「つくること」と，その延長である「意味づけ・見立て・伝達・飾り・工夫・機能性」といった創造と行為の往還で，遊びながら各素材や道具との関係性を確かめ，日常の経験を深化させている。

　子どもが成長すると描画[4]に対する意識が芽生え，やがて粘土遊びや工作に関心が広がり，統合的な技法・プロセスによる創作が出現することになる。扉の図は箒，スコップといった身近なものの形態，図 13-1 は洗濯機の展開図を切り出す過程であり，図 13-2・

図 13-1　「洗濯機側面展開図の切り出し」（2018 年）

図 13-2　「ドラム式洗濯乾燥機」　　図 13-3　「全自動洗濯機」（2018 年）
　　　　（2018 年）

13-3 では，実際に見た洗濯機 2 種類を組み立てて，親とのコミュ
ニケーションを図った。最後にはそれに水を入れたためにふやけて
しまったが，今でも大事そうに玩具棚の上に飾っている。ここでは
「絵」「立体」「工作」「鑑賞」の混合した創作行為が認められる，と
もいえよう。この表出そのものを，信頼関係にある者が認め励ます
ことは，子どもの個の発達にとって丈夫な後ろ盾となる。

---

4)「子どもの絵の発見」は 19 世紀末から 20 世紀初頭にかけて起こった。子
　どもの自発的な創作物に価値を見出したのは，コッラド・リッチ『児童
　の美術』（1887），ベルナール・ペレ『児童の美術と詩』（1888），エベネザ
　ー・クック「我々の美術教授と子どもの本質」（1885–1886）などがその
　先駆けとされている。日本でも 1890 年以降，その考えが移入され，1907
　年に児童画という呼称も使用されはじめる（赤木, 2010: 49–51）。

　子どもの視点に立つと造形領域の表現区分は未分化の状態であり，どの作業に向かうかはその時々の関心にあわせて選択される。あるときは，粘着テープを絵本棚の周辺に張りめぐらせ，折り紙の丸まったものを吊るすなどして，本人曰く「蜘蛛の巣」を表したことがあった。これは場所の意味も理解した空間的な試みで，環境構成と素材の特性からくる日常の発見から得られるものである。

## ② 小学校の図画工作の位置づけと目標

　日本の小学校における図画工作は，「小学校学習指導要領」に位置する教科の一つである。読者の皆さんも小学校で絵や工作を制作した思い出があるだろう。日本の場合，これらは小学校から中学校（美術）の義務教育課程で経験されることになる（国によっては，図画工作や美術を学校で行わないところもある）。

　図画工作を含む，全 10 教科 5) からなる教育課程を編成する主体は学校 6) である。そして「学習指導要領」を基準として各学校が教育課程を実施するが，年間の標準授業時数等をふまえて編成を行うこととなっている 7)。一方で，児童の実態に応じて「学習指導要

---

5) 2020 年度から全面実施される小学校の学習指導要領は，国語・社会・算数・理科・生活・音楽・図画工作・家庭・体育・外国語の各教科（10 教科）と，特別の教科 道徳・外国語活動・総合的な学習の時間・特別活動によって編成される。

6) 「小学校学習指導要領」第 1 章総則第 1 の 1 に「教育課程を編成する主体は学校である」と示されている。また幼稚園教育要領では第 1 章総則の第 2 に示され，中学校，高等学校も同様である。

7) 「学習指導要領」は全国で一定水準の教育を受けられるよう，文部科学大臣が「学校教育法」及び「学校教育法施行規則」にもとづいて教育課程の基準として示すものである。児童生徒が目標を達成することを義務づけるものではなく，各学校が，教育基本法，学校教育法，学習指導要領に掲げる目標を達成するよう教育を行う必要があるとしている。

領」に示していない内容の追加も可能（学習指導要領の基準性とよば
れる）で，示される目標・内容等は大綱的なものである[8]。それを
どのように解釈し予算計画と年間指導計画を立てるかは，筆者自身，
講師時代の工夫の要であり，構成や流れを考える楽しみがあった。

　平成20（2008）年に告示され，筆者が直接影響を受けた学習指導
要領の図画工作の目標[9]は簡潔である（文部科学省, 2008: 71）。一方
で，平成29（2017）年に告示された新学習指導要領（文部科学省, 2017:
129）は，新しい学力観から「何ができるようになるか・何を学ぶか・
どのように学ぶか」を「目標・内容・評価」まで一括して相関させ
るために，より詳細かつ具体的な文言[10]となっている。

---

8) 学校教育法（抄）「第33条 小学校の教育課程に関する事項は，第二十九
　条及び第三十条の規定に従い，文部科学大臣が定める」学校教育法施行
　規則（抄）「第52条 小学校の教育課程については，この節に定めるもの
　のほか，教育課程の基準として文部科学大臣が別に公示する小学校学習
　指導要領によるものとする」小学校学習指導要領第1章総則 第1 教育課
　程編成の一般方針「1. 各学校においては，教育基本法及び学校教育法そ
　の他の法令並びにこの章以下に示すところに従い，児童の人間として調
　和のとれた育成を目指し，地域や学校の実態及び児童の心身の発達の段
　階や特性を十分考慮して，適切な教育課程を編成するものとし，これら
　に掲げる目標を達成するよう教育を行うものとする」
9)「表現及び鑑賞の活動を通して，感性を働かせながら，つくりだす喜び
　を味わうようにするとともに，造形的な創造活動の基礎的な能力を培い，
　豊かな情操を養う」（文部科学省, 2008: 71）
10)「表現及び鑑賞の活動を通して，造形的な見方・考え方を働かせ，生活
　や社会の中の形や色などと豊かに関わる資質・能力を次のとおり育成
　することを目指す。(1) 対象や事象を捉える造形的な視点について自分
　の感覚や行為を通して理解するとともに，材料や用具を使い，表し方な
　どを工夫して，創造的につくったり表したりすることができるようにす
　る。(2) 造形的なよさや美しさ，表したいこと，表し方などについて考
　え，創造的に発想や構想をしたり，作品などに対する自分の見方や感じ
　方を深めたりすることができるようにする。(3) つくりだす喜びを味わ
　うとともに，感性を育み，楽しく豊かな生活を創造しようとする態度を
　養い，豊かな情操を培う」（文部科学省, 2017: 129）

　この目標を実現するために，新学習指導要領では「主体的・対話的で深い学び（アクティブ・ラーニング）」が盛んに研究・実践されるようになり，学校による「カリキュラム・マネジメント」の重要度が増したと考えられている。アクティブ・ラーニングは演習の多い図画工作科目ではとくに授業の展開との親和性が高い。

　平成 29（2017）年は戦後 8 回目の改訂であるが，昭和 22（1947）年に最初に作成された「学習指導図画工作編（試案）」（文部省, 1947）を概観してみると「図画工作の教育はなぜ必要か」との問いを立て結論までを簡略に述べている。すなわち図画工作は，「人類が文化を建設し進展させて行くためには，他人の発表する思想や感情を，正しく受けとる力と，創意工夫の力とを備え，また，自分のもっている思想や感情を，正確に発表する力を備えていることが必要」であり，そのため「図画工作が同様に教科として取り上げられて造形的な発達力・創造力及びそれを理解（鑑賞を含む）する力を養うことは理由のあること」とする。また「技術の養成，またはすべての技術の基礎となる目と手の感覚を鋭敏にすること」や，「美を愛し，美を創造し，美を味わい楽しむのは，人間のもつ一つの特性」であり，「この本性を育て，平和で，香りの高い文化を建設する素地を与えることは，教育の一つのつとめ」であると明快に示す。このことから「最も具体的・実際的な教科は何であるかといえば，まず図画工作を第一」（文部省, 1947）と結論づける。この文言からは終戦直後の図画工作・美術教育への意気込みが伝わる。実際に終戦直後の図画工作科目の時間数は過去 70 年間で最も多く編成されていた。

## ③　小学校の図画工作の内容と構成

　「小学校学習指導要領図画工作」（文部科学省, 2017）では，全体目標の下に各学年の目標と内容が 2 学年毎に示されている。それぞれ

の発展性のある目標にしたがって，内容には「A 表現」「B 鑑賞」が設けられており，「表現」のなかに「ア 造形遊び」「イ 絵や立体，工作」の項目がある。そのつぎには「指導計画の作成と内容の取扱い」があり，具体的な留意点が示されている。発行される教科書のすべてにおいて国による検定があり，実際に使ってみると「学習指導要領」の各領域・構成のとおりに作成されていることがわかる。

　小学校での経験から図画工作の枠のうち，「絵や立体，工作」は多くの人びとに馴染みのある内容であるが，「造形遊び」は昭和52(1977)年小学校学習指導要領図画工作の低学年において「造形的な遊び」として導入され，名称を変えながら継続している活動である。環境に向き合った現代美術の動向が背景にあると考えられる後発の領域であるため，どのような内容を示すのか，すぐに授業風景として浮かばない方も多いだろう。「造形遊び」は，習得すべき技術が先にあるものではなく，環境や空間，考えや気づき，従来にない表現素材（たとえば光や風，砂や水などの形を留めないもの・後発の人工素材・既製品）から発想と行為を広げる授業である。そのため行為の結果も写真や考察などのドキュメント（記録）として残される。

　さて，先ほどの筆者の子どもの造形活動を各領域にあてはめて考えてみると，ペンやクレヨン・色鉛筆で描く「絵」，粘土をこねる「立体」，紙や容器でつくる「工作」，粘着テープの『蜘蛛の巣』は「造形遊び」となる。教員養成課程では子どもの「絵（描画）」の発達段階については体系的に示されるが，「立体・工作・造形遊び・鑑賞」については，幼児を対象とした体系的な特性を示される機会は少ない。絵は枚数を集めれば特徴の変化を比較できることに比べ，「立体」や「工作」，とくに「造形遊び」や「鑑賞」については分析資料が集まりにくい側面があることが一因である。児童・生徒の行為を理解するために，教員は机間指導などで空間と時間を共有しながら「一緒に探る」「創作物を通した見立てに気づく」「対話や動作

の中で意図を理解する」などの場面に即した声掛けと読み取りをすることが必要になる。

　創作物をメディアとした丁寧なコミュニケーションを持続・成立させれば，子どもたちは造形をより楽しみ，教室内でも造形を通じて生きた関係を成立させることが可能だ。あるアーティストが「なぜ絵を描くのか」という問いに対し，逆説的に「絵をやめなかっただけだ」と述べたエピソードからも，児童期に表現を生成する環境要因として「メディアとしての創作物」という幸福なコミュニケーションが成立していたことをうかがい知ることができる。子どもにとって，つくることを保証する安心した状態が持続すれば，創造的な活動に意味を見出すつぎの段階に進むことができる。

## ④　つくることと見ることの実践

　美術教育には「学校教育」と「専門教育」の 2 種類の学びがある。筆者は義務教育での小学校図画工作，中学校美術と，選択科目である高等学校芸術科美術（工芸）を経て，専門教育である日本画[11]を学び実践してきた。つくることと見ることの往還のなかで日本画

---

11）2000 年代以降，いわゆる「日本画論争」が起きたが，日本画とはその材料による特性のみならず，近代になってそれまでの日本絵画を付置転換するため，意図的に西洋画の理論を取り込んだハイブリットな絵画を伝統化したものとして理解されている。「日本画論争」は，北澤憲昭（1989）『眼の神殿──「美術」受容史ノート』（美術出版社）から始まる，近代絵画としての日本画を再考する論争である。北澤はその著書のなかで「日本語の「美術」という言葉が 1872 年につくられた官製訳語であったこと，「日本画」が明治期に新しく創出されたものであること」（足立元『現代美術用語辞典 ver.2.0』）を示し，美術の意味の流動性に触れる。その後，佐藤道信（1996）『〈日本美術〉誕生──近代日本の「ことば」と戦略』（講談社）によって国民国家論的な観点が与えられ「日本画」そのものを問う論争へ発展した。

的な感覚が生成されてきたといえる。

　画家の教育の場は，明治以前は徒弟制度であり，大正期は学校教育との併存，戦後は学校を中心とした教育に移行してきた。徒弟制度では模写による修業を済ませて号を受けることで一人前になったが，その風習も学校教育には馴染まない。たとえば，筆者の在籍した東京藝術大学における日本画専攻の志望者は，入試の際に鉛筆素描と水彩絵具による着彩をそれぞれ 12 時間で制作する課題が出題され，それらの出来を評価される。そのための訓練では，花や果物，石膏像を繰り返し描くことで，特定の対象に意識と興味が向くようになり，対象物の形態を捉える直感的な観察力を身につけた。

　大学入学後は静物や人物・古典模写や自由課題などのテーマに取り組み，個人としては植物や景色を題材として描くようになった。創作中，昼間はアトリエにこもり，時々外に出るだけの生活が続くこともあった。ある日，久しぶりに外に出ると驚くほどキラキラと雨の雫が光り輝いて見えた。絵画の情報を集めるときは集中的に美術を見て回るが，制作のための集中力が増してくると周りを閉ざすようになり，外界の創作物を見ることに気が向かなくなる。見ることと描くことの往復によって自己と他者の作品に向かう態度，これから自身によってつくられるものと他者の創作から受けとるものの意味に明らかな隔たりが生じたと考えられる。

　この日本画の修学経験をもとに教育現場に立つようになって，美術教育のうち「B 鑑賞」に対しては「往還が成り立っていないのではないか」と疑問をもち，外部講師を勤める高等学校 [12] では美術科ではなく「総合的な学習の時間」として鑑賞教育の授業を実施した。受講した生徒の初期の鑑賞は，「面白い」「興味ない，つまら

---

12) 2015 年度と 2016 年度に，麻布高等学校の総合的な学習の時間の一つに「総合教養 ひたすら展覧会に行ってみる」を企画し外部講師として担当した。1–3 学期，各 8 回で 2 年間実施。

ない」「うわ，凄いな」「綺麗，心地よい」「ブルブルとして涙が出た」
「もっと知りたい，見たい」といった直接的な反応から始まったが，
授業で作品を浴びるほど見る経験を通して，徐々にアートシーンや
美術の世界全体を感覚的に捉える段階へと向かうことが示唆された
（早川, 2017: 1–12）。

　ここからは美術の授業目標である「A 表現」との双方向性を意
識してもよいし，そのまま専門教育としての美術に関わることにな
れば，見方の変化が起こり「ああなるほど，こう描いたのか」「こ
こまでの緊張感を保っているのか」（＝技法），「時代がのっている」
「古色が美しい」（＝時間），「好き嫌い」「良い悪い」（＝趣味性の判
断），などを瞬時に感受することが可能になってくる。鑑賞のねら
いは，見ることの蓄積から，瞬間的に世界の位置づけを感覚的に見
抜くこと，徐々につくる側の視点として多層的な文脈を捉えること
であると考えられる。鑑賞全体のイメージとしては，人びとの記憶
のなかで中心の定まらない朦朧とした状態から，手がかりや視野が
現れ，トポス論的な地図が徐々に見えるようになり，そこに時間軸
を合わせることで，うねりを含む歴史の通態として空間化する，と
いうものが想定される。

## ❺ 山水画・盆栽・日本式庭園のつながり ────

　筆者の場合は絵画を考えるなかで，山水画と風景画のズレや景色
のつくられ方に興味が向くようになった。絵を描く際の考察はつぎ
のような状況で発生した。あるとき，景色についてイメージをめぐ
らせながら美術館に入ったときに，たまたま見た山水画と，子ども
の頃から見ていた庭の盆栽と，日本画として描かれてきた近代風
景が，「景色の構造」として，グルッとつながってみえてきた。も
ともとあった山水画の考え方から風景画に移行する過渡期に現れた

山水風景こそ，近代絵画としての日本画であるとし，同時に現れる盆景性という心性を明らかにすることが研究課題となった（早川，2011a）。さらに日本画の景色観と，美術教育の現場との関わりを示し，全体的な関係性を示した（早川，2011b: 238–254）。

　この研究では，画材の特性や技法から説明されることの多かった日本画ではなく，日本画で描かれてきた景色を制作者の視点で読み解くことで，様式的・認識的価値の新たな側面として示している。そして美術教育の実際の経験からも，子どもの見ている景色と大人の見ている景色には違いがあり，過去と現在の画家の空間を認知する方法にも時間的・認識上のズレがあるとした（早川，2013）。人びとの描画の経験を判断する際は，表現−芸術への全体の関係性を相手の目線で捉える必要がある。

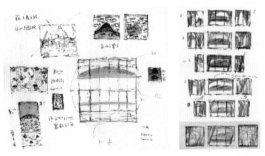

図13-4・13-5　「エスキース（2枚）」（紙にペン・色鉛筆）

図13-6　「小下図」（和紙に鉛筆）

図 13-7　「制作中の大下図」（クラフト紙に鉛筆）

図 13-8　『山水風景，或いは盆景』（2010 年，紙本彩色 432.0 × 181.0cm）

　つぎに筆者の制作過程をみてみよう。図 13-4・13-5 のように日常の思いつきを日々メモとして記録し，作品化する際は「小下図」として構想を練る（図 13-6）。つぎに実物大の下描きとして「大下図」（図 13-7）を作画する。日本画は「大下図」が完成すると念紙を使って線を写すので，「骨描き」[13]に向けた線の緊張感と構図の完成度が大切になってくる。

　この作品の場合は過去の山水画と，そこからつながっている現実の庭や盆栽の型を概観し，ここに近代絵画としての日本画の意味を引き受け，現代の山水風景を見出すことが主題であった。季節に添えるイメージを生産したり，生活を華やかにしたりする絵を制作す

---

13）骨描きは日本画の墨線による描画のことである。墨線のみの絵を白描といい，骨描きは鉄線描という細い線で描く。横山大観や菱田春草らが明治期に試行した没骨法による朦朧体は，骨描きをぼかすことで，色の諸調による表現を目指した。

る画家の仕事も大切だが，世の中に対してイメージをどのように扱うのかを意図的に仕掛ける仕事も大切である。たとえば江戸時代の狩野派は新しい絵の注文制作，建築の内装だけでなく，古画の鑑定も得意とした。過去の絵画の文脈や価値を読み解き，後の時代に残る新しいイメージを扱うことも画家の仕事である。これは一人の個が生きる時間よりも長い時間を引き受ける仕事であり，画家は描画の深層につながろうとする。そして作品化の際には過去の文脈を意識・無意識の内に再び込めている。何度見ても飽きない絵画は見る側のチャンネルに合わせて文脈が豊富に用意されているのである。

## ⑥ 学校教育としての美術教育の状況 ────

　あらためて「図画工作」とは何なのか。幼稚園では「表現」のなかの「造形」，小学校では「図画工作」，中学校では「美術」，高等学校では「芸術」科のなかの「美術」「工芸」のように教科として設定されている。社会に出ると一般的に「アート」という場合もあるし，「ART」として表記されることもある。音楽は学校における教科名としては一貫して「表現・音楽（芸術・ART）」で通じるのに対し，美術は出世魚のように変化を繰り返す。このような教科名の変化をともなうことは行政の区分によるものだが，美術教育自体は学校教育のなかで一定の価値として続いていることを考えると興味深い。美術は，更新される多様な価値観を内包し，自己と世界を生成する行為そのものであるといえる。材料を選択し，技法を駆使し，計画を実践し，素材を形や概念に置き換える。イメージをメディア化するための段取りが必要であり「生きる力」を鍛える短いスパンでの繰り返しがある。

　図画工作・美術科教育の可能性を5点あげるとすれば，A：「生活科」に図画工作的要素が入ること，B：「総合的な学習の時間」

に美術の鑑賞をあてること，C：学校のカリキュラム・マネジメントが活性化（たとえば公立小学校で1-6学年まで週に各2時間確保等）すること，D：外部に開かれたコミュニティ・スクールが実現する（近年NPO・自治体等の主催による造形ワークショップの実施も盛況である）こと，E：他教科との学際的な連携をはかることであるといえる。教科として時間数の比率は減少しているものの，学校全体でのあり方を積極的に解釈すれば，図画工作（美術)は社会と「生きる力」全体に関わりをもつ位置づけ[14]を獲得している。図画工作の長期的なビジョンはどこに向かうのか。アートは様式や文化としての価値観を安定させる力もあるが，時代のニーズによって破壊さ

---

14）図画工作や美術が教科内におさまらず学校教育のなかに拡散する傾向がいくつかみられる。ここでAからEまでの具体的な領域を示したい。
　A：生活科（小学校1・2年）では，「第3指導計画の作成と内容の取扱い 指導計画の作成に当たっては，次の事項に配慮するものとする。(3)国語科，音楽科，図画工作科など他教科等との関連を積極的に図り，指導の効果を高めるようにすること。特に，第1学年入学当初においては，生活科を中心とした合科的な指導を行うなどの工夫をすること」とあり，図画工作を含んだ学際的な領域を想定している。
　B：特別活動（児童会活動・クラブ活動・学校行事）では，学校行事として展覧会鑑賞を含むことが可能である。
　C：総合的な学習の時間は，筆者が行なった麻布高等学校での教養総合授業のように図画工作や美術の領域を含んだ課題の設定が可能で，実施している報告も多い。
　D：他教科との関わり（算数・国語・理科・社会・その他）は，教員同士の授業の進捗状況の確認や，相互に関係する内容の場合，関連させる課題を含むことが可能である。とくに ART は領域をつなぐ傾向があるので，カリキュラム・マネジメントの観点からも，学校全体で授業を計画することが今後広がると考えられる。
　E：たとえば「世田谷区教育総合センター構想」にあるように，学校をコミュニティ・スクール（学校運営協議会制度）化するなかで，地域主体の協議会で議論を進め，図画工作・美術教育を含む内容が，授業にかわる講座として授業時間外で実施される可能性がある。

れ，他領域と入れ子になって再編されるときがくる。そういった芸術の特性そのものが授業に内包されているように考えられる。

# 7 結びにかえて

　美術教育におけるアイデアの表出は個別的な美的経験の総体（量）に影響を受け，総体は知識・探究・執着などを持ち続けることで，さらに増えていく。そして図画工作や美術を通した創作の結果としての「もの・こと」は，創作行為に向き合う生の充足感を体感することである。ふと気がつくと時間が過ぎていた，あるいは作業に没頭していたという，無の時間感覚は，生の只中を通過した美的経験だったのではないか。

　人が人の社会で生きるうえで，自然の産物のみを用いて暮らすことは稀有である。多くは人が設計し，デザインし，作りだした環境や道具と関わりながら生活を送る。学校教育全体に拡散しつつある図画工作・美術教育は，想像や創作の世界を生きること，社会に広がる「アート」として再編されうる。義務教育課程で行う表現・鑑賞の活動は子どもが自己と世界を生きるうえで必要不可欠な時間であり，格差が広がる現代においては，機会均等を必要とする公教育での位置づけもより重要度が高い。自己が世界と関わりをもつことは創作されたメディアを通して生きることだからである。

　学習が「世界づくり・コミュニケーション・自分探し」であるならば，創作によって得られた作品（もの・こと）はメディアとして自己と世界をつなげる価値をもつ。図画工作科の教科で示される内容「絵や立体，工作」は現実世界に溢れるあらゆるイメージ・立体物・工業製品といった「もの」と関わりのある様式であり，「造形遊び」は素材や環境・場から何を生成しうるのか，考察をすすめる逆の方向性の創作で「こと」と関わるものである。そして「鑑賞」

は「もの・こと」を読み解くための内容が授業として組まれている。本来の意味での図画工作・美術教育は，単なる教科ではなく「生きることへつながる回路」としての創作（もの・こと＝メディア）を扱う教科といえる。

---

◉ディスカッションのために
1　「つくること」と「見ること」はどのように関係するのか。本章の記述と自己の経験をふまえて考えてみよう。
2　音楽，図工，美術，書道，写真，文章などの創作物をメディアとした丁寧なコミュニケーションの例をあげてみよう。
3　図画工作・美術はいかに「生きることへつながる回路」としての創作を扱うのか。他の創作活動や自己の経験をふまえて考えてみよう。

---

**【引用・参考文献】**
赤木里香子（2010）.「児童画研究の歴史」福田隆眞・福本謹一・茂木一司［編］『美術科教育の基礎知識』建帛社，pp.49–51.
早川　陽（2011a）.「日本画の景色観としての盆景性──その捩じれと可能性」『平成 22 年度博士審査展作品・論文要旨集』東京藝術大学美術学部杜の会，pp.128–131.
早川　陽（2011b）.「美術教育の場に日本画の景色観を見出だす」東京藝術大学美術教育研究室［編］『美術と教育のあいだ』東京藝術大学出版会，pp.238–254.
早川　陽（2013）.『藝術と環境のねじれ──日本画の景色観としての盆景性』清水弘文堂書房
早川　陽（2017）.「総合的な学習の時間における連続美術鑑賞活動の実践──教養総合授業［ひたすら展覧会に行ってみる］を例に」『昭和女子大学現代教育研究所紀要』(2), 1–12.
文部科学省（2008）.『小学校学習指導要領 第 4 版 平成 20 年 3 月告示』東京書籍
文部科学省（2017）.『小学校学習指導要領 平成 29 年 3 月告示』東洋館出版社

文部省（1947）.『学習指導要領図画工作編（試案）昭和二十二年度』日本書籍

矢野智司（2014）.『幼児理解の現象学——メディアが開く子どもの生命世界』萌文書林

若林直樹（1987）.『わかりたいあなたのための現代美術・入門——印象派からハイテク・アートまで，現代アートの完全見取図！』JICC 出版局

日本経済新聞「文化庁，政策推進の要に法改正案を閣議決定」2018 年 2 月16 日

# 第14章

# 物理的メタファーとしての建築模型

作者の視点から考察する表現方法とその効果

野口直人

**住居　丹下健三自邸模型 1/3（筆者撮影）***

　建築模型を見るととても興奮させられる。実物の建築を知ることと以上に，模型そのものに対して抱く高揚感のほうが強いためだろう。つくりの精巧さに感嘆したり，大きさに驚いたり，ときには可愛らしささえも感じるのだ。建築は土地から切り離され，大きささえも自由になり，模型としてさまざまに姿を変えて私たちの身体に近寄ってくる。そして知覚を刺激し，感情を揺さぶり，多様な想像と体験をもたらす。「知る」ことより「想像する」「体験する」ことのほうが，はるかに簡単で自由で楽しく，そして豊かだ。

　CG技術や3Dプリンタなどの発展により，建築を立体的に知る術は飛躍的に進化を遂げた。それでもなお人の手によって建築模型が作られ続けるのは，実体としての姿に可能性があるからに他ならない。

---

* 建築の日本展，森美術館，2018年／制作監修：森美術館，野口直人／制作：おだわら名工舎

# ❶ はじめに：建築模型とは何か ────────

　模するとは一体どのような意味があるのか。哲学者のヴァルター・ベンヤミンが，技術的複製品には芸術作品に含まれる一回限り存在するというアウラが欠けていると指摘したように，近現代社会においては「模した」ものはオリジナルに比べて低く評価されてきた（ベンヤミン，1999）。一方で社会人類学者のレヴィ＝ストロースも模型について言及し，「縮減模型はつねに美的効果をもっているようだ──となれば，模型がつねにそのような効果をもつ理由はその寸法以外にあり得ようか」と述べている（レヴィ＝ストロース，1976）。複製と模型とは似て非なるものであり，縮減をともなう模型はオリジナルとは別の新たな価値が存在すると考えられている。

　建築を対象とした模型にも必ず縮減が生じる。建築の最たる特徴が，人を内包するほどの空間を有し，土地に固定されていることだとすると，縮減して模型化することでその最たる特徴が失われる。建築そのものとは異なる意味が建築模型にもたらされるのは自明なことである。また建築は芸術作品の一つとして捉えられているが，設計者である建築家自身が実際の建築物を建設するわけではない。模型や図面などを介して実際の建築に反映したり，実物を想起させたりするのであって，建築模型とはかたちという情報を伝えるためのメディアそのものなのである。

　しかし一言で「建築模型」といっても，実際それは多義的である。建築設計の現場では，完成形を忠実に再現した完成模型，設計過程での検討用ツールとして数多くつくられるスタディ模型，建築に込められた概念や隠れた構成などを分かりやすく伝えるために，かたちが抽象化されたコンセプト模型などがある。また美術館や博物館などで展示・保管される資料としての模型，プラモデルやジオラマ，観光地で目にするお土産などは総じてミニチュア模型などとよばれ，

私たちに身近なものも多い。神棚やドールハウスなども広義な意味
での建築模型とよべるだろう。つくる目的や再現・表現方法，伝え
る内容などによってその定義はさまざまである。

　建築家の今村創平は，ミニチュア模型は実際の建物を忠実に再現
することが目的であり，コンセプト模型は建物の構成や概念を伝え
ることを目的としているとし，伝える側の目的による区別をしてい
る（今村, 2013: 24）。しかし建築模型はメディアであり，それを受け
取る側の解釈も多岐にわたる。伝える側の明確な意図を意識するま
でもなく，私たちは建築模型から多様な受けとり方と，それにとも
なう自由な発想を紡ぎだしている。ときとして建築家が構想するコ
ンセプト模型は難解な表現が多かったり，検討用のスタディ模型や
忠実な再現のミニチュア模型などが，建築の概念や思想に触れるコ
ンセプト模型としての側面をみせたりすることもあるからだ。明確
な言葉ではなく物理的なものであるがゆえに，メディアとしての広
義の建築模型を捉えようとしたとき，細かい分類の明文化はあまり
意味をなさない。伝える側の目的や内容とともに，それを受けとる
側の観点から建築模型の意味を捉えなおすことで，メディアとして
の建築模型の可能性を探っていきたい。

## ② メタファーとしての建築模型

　「模型化」とはかたちは等しいが，縮減や物質の置き換えなどの
変化をともなう表現行為である。美術評論家の多木浩二がかつて，
模型について「物と物とを結ぶ比喩」と述べたように，その作業に
は多かれ少なかれ必ずメタファー（隠喩）が生じる（多木, 1987: 52）。
レイコフとションソンの定義に従ってメタファーとしての建築模型
を規定すると，「ある事柄（建築）を他の事柄（建築模型）を通して理
解し，経験すること」（レイコフ・ジョンソン, 1986）である。ただし

それは無意識のうちに行われているものも多い。たとえば，壁を紙でつくった建築模型があるとする。模型の作者が，加工するのに簡易的であるからという理由で紙を用いただけだとしても，受け取る側は「実際の建築の壁も紙のように薄く柔らかい」と想定するかもしれない。そこには建築模型が物理的であるがゆえの，無意識で意図しないメタファーが存在する。実はそのような偶然性が建築模型の面白いところでもあるのだが，このメタファーを明確な意志をもって構想すれば，対象となる建築からは直接得ることが難しい，新たな概念を与えることができる。

　では，模型化における具体的な変化と，与える効果にはどのような関係があるのか。対象となる建築を意識しないで，建築模型を単なるオブジェクトとして考えると理解しやすい。たとえば縮減（大きさの変化）で考えると，お土産の小さいエッフェル塔を手にとった場合，実物の壮大さは意識から消え，多くの人は可愛らしいと感じるだろう。結果，エッフェル塔に対して可愛いという新しい概念が生じる。これは手のひらにのるほど小さく縮減してはじめて生まれる効果である。しかし身体の倍ほどのサイズに縮減したエッフェル塔であったら，受け取る印象は実物の壮大さに類似したままである。この効果は，対象となる実物の建築との相対的な変化の度合いではなく，物理的な建築模型そのものと，受けとる側の人間の身体との関係によって成り立つ効果である。そのような関係性と変化の対象を以下のように例をあげて整理する。

・大きさ（身体的比較）の例：手のひらにのるほどの小さい
　　建築（模型）→建築の概念に可愛らしさを与える。
・素材（身体的知覚）の例：押すと変形するほど柔らかい建
　　築（模型）→建築の概念に脆さや動きを与える。
・つくり方（身体的経験）の例：削ってつくった建築（模

型）→建築の概念に手作業の印象を与える。

このように，受けとる側の原始的な身体感覚を基準にすることで，幅広い層にわかりやすい印象を与えることができる。以上の例は言葉として書くとフィクショナルな表現に聞こえるが，それは物理的なメタファーだからこそ成り立つ表現なのであり，私たちの建築に対する従来の概念を無意識のうちに拡張する。

メタファーによって成り立つ概念は，ある概念の一側面を際立たせて理解させると同時に，概念のほかの側面を隠す。模型化によって，建築の最大の特徴である身体を内包する大きさが隠されるかわりに，身体感覚に近づくことで建築の新たな一側面に触れることができる。総じて建築模型とは，物と身体との関係によってはじめて成立する，「物理的基盤のあるメタファー」なのである。そのように捉えることで，建築模型は特有のメッセージ性を獲得する。

## ③　展覧会における建築模型

美術館などで開催される建築展は，建築の性質上，実物を展示することは難しい。そのため従来の建築展では，図面，写真，模型などを資料として展示することで，鑑賞者に実物を知らせようとしてきた。いわゆる紹介型の展示である。しかし近年の建築展は，大型模型や原寸の空間再現，インスタレーションなどによって，直感的に身体に働きかける体験型の展示が拡がりをみせるなど多様化している（前田, 2018）。それにともない，展示される模型も資料的意味合いから，よりメッセージ性の強いもの，作家性を有するものへと変化してきた。とくに建築家自身が展示企画に参画した，「SPACE FOR YOUR FUTURE」[1] や「ヴェネツィア・ビエンナーレ建築展 2010」[2] などでは，建築そのものに迫ろうとする実験的な建築模型

が新たに制作・展示された。

　一方，対象となる建築家が故人である場合，展覧会の主題にもよるが，従来の資料展示に頼るところが大きい。とくに建築模型が保存されていない場合，第三者によって新たに制作されることも多い。「村野藤吾の建築——模型が語る豊饒な世界」[3] では，多くの建築学生が新たに制作した80点の再現模型が，博物学的に展示された。「ル・コルビジェ展」[4] では，展示設営を専門とする業者が実寸の空間を精巧に再現し，疑似体験ができる展示を行なった。しかしこれらの展示模型は，模型特有のメッセージ性に乏しく，たとえ体験型の展示であっても資料としての側面が拭えない。忠実な再現を主題におくことで，第三者が模型そのものをデザインするという観点を失い，模型自体に建築に迫るような個性・作家性がないのだ。

　たとえ第三者であっても，先述した「物理的基盤のあるメタファーとしての建築模型」という解釈をもってすれば，模型そのものが新たなメッセージ性を帯びた作品として成立するのではないか。建築展の多様化とそれにともなう建築模型の価値観の変化という背景からも，専門的な知識のない幅広い鑑賞者にも伝わるメッセージが求められている。次節で解説する建築模型は，筆者自身が故人の建築

---

1)　「SPACE FOR YOUR FUTURE」（東京都現代美術館，2007年）建築家ユニットのSANAA，石上純也らが参加し，インスタレーション作品が多く展示された。

2)　「ヴェネツィア・ビエンナーレ建築展2010」（イタリア・ヴェネツィア，2010年）建築家，妹島和世がディレクターとなり，50組近くの世界の建築家が大型展示を企画した。

3)　「村野藤吾の建築——模型が語る豊饒な世界」（目黒区美術館ほか，2015年）建築家，村野藤吾設計の建築80点の模型が，建築学生により新たに制作され展示された。

4)　「ル・コルビジェ展」（森美術館，2007年）建築家，ル・コルビジェ設計の集合住宅「ユニテ・ダビタシオン」の一室，「カップマルタンの小屋」が原寸で再現され，展示された。

家の建築を模型化した事例である<sup>5)</sup>。筆者自身が，建築をどのように解釈したのか，また，メタファーとして建築模型をどのように構想し，どのようなメッセージを付加したのかを具体的に解説する。

## ④ 彫刻作品としてのラウレンツィアーナ図書館階段室模型（ミケランジェロ展）<sup>6)</sup>

ミケランジェロ・ブオナローティ（Michelangelo Buonarroti 1475–1564）は，イタリア盛期ルネサンス美術を代表する彫刻家，画家であると同時に建築家でもある。美術作品の他に建築においても後世に多大な影響を与えた。ラウレンツィアーナ図書館は代表作の一つであり，そのなかの玄関室は井戸のように垂直性の強い巨大な空間である。古典主義建築の特徴でもある装飾された柱や持送りなどが壁面に埋め込まれ，階段はそれ自体が彫刻作品のように鎮座している。それぞれの具体的な意匠の意図は多くの研究者により解読がなされており，詳しい解説は割愛するが，建築をデザインする手法そのものが近現代建築とはまったく異なることが興味深い。

建築は現存するが，本人によるスケッチは数少ない。研究者が新

---

5) 筆者が建築模型をデザイン及び制作した展覧会は，文中の事例以外にもいくつかある。「リナ・ボ・バルディ展」（ワタリウム美術館，2015 年）全 5 点，「パウロ・メンデス・ダ・ローシャ展」（GA ギャラリー，2016 年）全 5 点，「建築の日本展」（森美術館，2018 年）丹下健三自邸模型，「インポッシブル・アーキテクチャー」（埼玉県立近代美術館ほか，2019 年）第三インターナショナル記念塔模型，ほか多数。

6)「ミケランジェロ展」（山梨県立美術館ほか，2016 年，模型監修：五十嵐太郎　模型制作：野口直人建築設計事務所，東北大学・本間俤平）ミケランジェロの自筆作品のほか，新たに制作された模型によって建築家としての側面を紹介した巡回展。代表作であるラウレンツィアーナ図書館の全体模型（1/100）を東北大学の本間俤平，玄関室模型（1/20）を筆者が制作した。

図 14-1　ラウレンツィアーナ図書館玄関室模型
（縮尺 1/20　サイズ：W562 × D518 × H792mm）

たに作図した図面もいくつか存在するが，これらの資料にはかなり
の相違がみられ，平面図と立断面図の整合性がない。曲線や非直角
で構成された線が立体的に複雑に絡みあうかたちは，2次元の図と
して切り取ることに適さないのだ。ミケランジェロはこの建築をデ
ザインする際に，粘土の模型を用いて検討を重ねた（飛ヶ谷, 2016:
31）ことからも，建築を2次元から構想していないことが理解でき
る。そもそも図面という2次元媒体は，建築をデザインする思考に
かなりの影響を与えている。まずは平面や断面などの2次元で検討
し，それを立体化するという手順が最も合理的である。各々の図面
を行き来して調整を繰り返すなかで，全体の構成を整理し，詳細な
部分へと検討がすすんでいく。そういった全体から部分へと段階を
追ってデザインしていく合理的な手段は，極めて2次元的な思考の
もとに成り立っているのである。模型化にあたりミケランジェロの
建築の解読をすすめるうえで，全体から部分へと段階を追うデザイ
ンの際にはみられない，構成のズレや意匠の揃え方が垣間見えた。

一見あとから付加したような装飾的部分が積み重なることで，全体構成にも影響を及ぼしているのだ。すべての要素が一個人による同時・同義的扱いによってデザインされており，彫刻や絵画とまったく同じスタンスでデザインされた建築であると解釈できる。そのような解釈のもとさらに解読をすすめると，階段に隠れて見えづらい場所に，明らかにミケランジェロによる同義的扱いではないデザインを見つけた。文献などでは確認できないが，建築という人が使うための空間であるがゆえに，おそらく後世になって改装されたものであろう。

　模型化にあたっては当然，緻密な装飾表現の再現は不可欠であるが，かたちとともに新たなメッセージとして，ミケランジェロの建築に対する彫刻のようなデザイン手法を伝えることを模型の主題とした。よって建築模型も大きさ・素材・つくり方において，「彫刻作品＝ひとりの人間によってすべてが生み出される完結したもの」という概念を与えるメタファーとして構想している。従来の建築模型のように外側から要素を継ぎ足す加算的な手法ではなく，すべて木の無垢材の塊から削り出す手法（カービング）によって，柱などの大きな要素から繊細な装飾などの小さな要素に至るまで，同じ素材と同じ手法によって一体的に表現している。また，身体の支配が及ぶような両腕を広げて納まる大きさとすることで，人の手によって作りあげた彫刻作品であることを強調する。

　当然，実際の建築が彫刻的な工法によって建設されているわけではない。しかし，鑑賞者が自らの身体感覚をもとに建築模型を彫刻作品として捉えることができれば，彫刻から連想する，人間の手による直接的な作業，3次元の壮大なデザイン思考，すべての要素の同義的扱いによる繊細さといった概念を，建築に与えることができる。建築模型だからこそ可能となる表現であり，ミケランジェロの建築デザインに対するスタンスの一端をメッセージとして付加させたのだ。

## **5** 状況をつくりだすイビラプエラ公園模型（オスカー・ニーマイヤー展）[7]

　ブラジル人建築家のオスカー・ニーマイヤー（O. Niemeyer 1907-2012）は，モダニズム建築の代表的な建築家であり，曲線を多用した造形的な設計により世界各地で都市計画，公共施設，住宅など数多くの建築を手がけ，ブラジルの現代化に多大な貢献をした。代表作であるイビラプエラ公園はサンパウロの中心に位置し，広大な敷地内には美術館や劇場などの公共施設が点在する。各々の施設は巨大なコンクリートの屋根でつながり，屋根の下はオープンスペースとなっている。昼時にはとてつもない数の人びとが屋根の下に集まり，渾然一体となって思い思いの時を過ごす。若者がスケートボードを乗り回す隣で老人がお茶を飲んでいたりと，誰しもに開かれた自由な場所であり，人間の活動の豊かさを目の当たりにできる。施設が休館日で人がほとんどいない状況も目にしたことがあるが，ま

**図 14-2　イビラプエラ公園，大屋根の下の日常風景**

7）「オスカー・ニーマイヤー展」（東京都現代美術館，2015 年，会場構成：SANAA，模型企画・制作：野口直人建築設計事務所）オスカー・ニーマイヤーの日本初の大回顧展。展覧会のメイン展示物である大小 10 点のすべての模型を筆者が制作した。

**図 14-3　イビラプエラ公園模型**
（縮尺：1/30　サイズ：W27.5 × D15 ×最高 H0.75m）

ったく別の場所であるかのように，特異なかたちの屋根だけが異様な存在感を放っていた。どちらの状況も，同じニーマイヤーの建築であることに変わりはないが，特徴的なかたちの背後にある，人びとの溢れんばかりのエネルギーを誘発し包み込む状況そのものが，この建築の最大の特徴であると解釈した。機能主義・合理主義を掲げたモダニズム建築はときにとても機械的な印象を与えるが，有機的でダイナミックな曲線によるニーマイヤーの建築は，人間の活動を誘発し内包する生命力を携えている。

　模型化にあたっては，上記のような状況を鑑賞者自らが体験できることを主題とした。俯瞰的な視点ではなく，模型に対して身体的な行為をともなってこそ，解釈を最大限に伝えることができる。建築模型を鑑賞物としてではなく，「人びとが自由に振る舞える空間」という概念を与えるメタファーとして構想した。

　美術館内の約 500㎡のアトリウム全面に展開した模型は，身体の大きさをはるかに超える。そして床に敷き詰めたカーペットによって，鑑賞者は靴を脱ぎ，模型のなかを歩いてめぐり，地面に寝転がったり，座り込むことが可能となる。足元に展開する施設と大屋根の模型はすべて，スタイロフォームという光を透過するほど軽くて脆い素材で構成されている。素材にしたがってかたちも抽象化を図

り，全体のフォルムは再現しながらも詳細な部分は大胆に省略した。実際の建築から感じられる重厚さや存在感の強さとは対象的に，建築模型に脆さや希薄さを与えることで，より身体にとって違和感なく近い存在となる。展示物と鑑賞者という対峙関係からの脱却を図ったのだ。展示期間中，興奮した子どもが模型に飛び乗り，何度も壊されたことは，さすがに想定外であり修復に苦労したが，模型と身体を距離的に，意識的にも近づけるという狙いとしては正しい反応であった。

　身体的な行為を誘発した結果，寝そべって鑑賞する人や，明るい日差しを浴びてくつろいでいる人，走り回る子どもたちなどが，一つの模型のなかで渾然一体となって空間と時間を共有する。実際の建築における行為とは異なるものの，人びとが集い自由に時を過ごす状況そのものは等しく，人が入り込んではじめて成立する建築模型なのである。

　鑑賞者の反応として「大味である」「模型の密度が薄くあまり学べなかった」といった意見も見受けられた。抽象化した軽い模型からは，当然そのような受け取り方もできるだろう。一方で，「靴を脱いで歩いて回れることが楽しかった」「気持ちよかった」といった反応も多い。行為にともなう身体的な感覚を引き起こしたことや，子どもが模型に飛び乗ったことは，鑑賞者にとって各々が自由に振る舞える状況であったことを物語る大事な反応であった。かたちの忠実な再現では成し得ない，ニーマイヤーの建築で起きる豊かな状況を，身体的なメッセージとして付加させたのだ。

## ⑥　結びにかえて：作品としての建築模型

　建築模型がメディアである以上，伝える側と受け取る側，双方からの認識を把握することで，媒体となる建築模型の表現方法は大き

く変化しうる。展覧会という，専門的知識の薄い層にも対象を広げる状況において，より原始的な身体感覚に働きかける表現が可能となった。建築は物理的なものであり，様相を伝えるためには，かたちを直接的に再現することが最善の術であるという考えに捉われがちである。しかし建築家が建築に込める思想とは，かたちを通して育まれる出来事によって現れるものである。建築模型を物理的基盤のあるメタファーとして構想することで，受け取る側に間接的に出来事の想像や体験を促し，かたちの背後に潜む建築家の思想の一端に触れることができるのだ。

　そのために建築模型を構想する第三者は，意識した翻訳者と表現者になる必要がある。翻訳者という立場からの極めて客観的で大胆な解釈と，表現者として既成概念に捉われない手法によって，建築模型が独自のメッセージ性を獲得すれば，それ自体が確立したメディア作品となるはずだ。建築模型を構想することは，建築を構想することと同義なのである。模型化するということ自体が創作行為であり，そのようにして表現される建築模型は，物理的・身体的なメディアにおけるメッセージ産出のあらたな指標となりうるだろう。

---

●ディスカッションのために
1　いかなる点において建築模型は物理的基盤のあるメタファーとみなすことが可能なのか，本章の記述をまとめてみよう。
2　本章の筆者が作成したミケランジェロ建築，ニーマイヤー建築の建築模型は，それぞれいかなる面を強調したメタファーであるのか。
3　本章では，建築模型の構想者は元の建築作品の翻訳者でありつつ，オリジナルな表現者であると述べられている。建築模型の構想に類似した創作行為があるか，考えてみよう。

【引用・参考文献】

今村創平（2013）．「日本建築模型小史」『JA NO.91 模型という建築』新建築社，pp.24–27.

多木浩二（1987）．「模型的志向――「縮減」の概念をめぐって」『小さな建築――模型のトポロジー』INAX，pp.45–52.

飛ヶ谷潤一郎（2016）．「彫刻家ミケランジェロによる建築素描の表現とその変遷」『ミケランジェロ展』アートプランニングレイ，pp.26–35.

ベンヤミン，W.／佐々木基一［編集解説］／高木久雄ほか［訳］（1999）．『複製技術時代の芸術』晶文社

前田尚武（2018）．「建築展の可能性」『建築の日本展――その遺伝子のもたらすもの』建築資料研究社，pp.30–36.

レイコフ，G.・ジョンソン，M.／渡部昇一・楠瀬淳三・下谷和幸［訳］（1986）．『レトリックと人生』大修館書店

レヴィ゠ストロース，C.／大橋保夫［訳］（1976）．『野生の思考』みすず書房

# 第15章

# 大学教育におけるメッセージ産出
「空気」のメタファーを起点として
板場良久

It's Media*

　この画像はインターネット上に出回っているものだが，そこに含まれる警鐘は本章の主張とも合致するところがある。すなわちメディア（とりわけ職業的なメディア）は現実を切りとり，フィルターにかけたうえでメッセージを産出し，それを購読者や視聴者である一般市民へと伝える。そうすることによって，それは印象操作を実現するともいえる。しかも現代社会においては，一般市民も SNS などの私的メディアを活用して，産出したメッセージを公的に発信・拡散することが可能となっている。よって，市民としての社会生活を目前に控えた大学生は，メディアの営為がいかにさまざまな影響を受け，また同時に，影響を与えるものであるかという点について，文献の読解と実践的活動を通して，一度しっかりと学んでおく必要があるのではないだろうか。

* 出典：https://m.demotywatory.pl/4089126（最終確認日：2020 年 11 月 14 日）

# ❶ はじめに：メディア教育の理念 ───────

　筆者が2016年度に担当した大学院の授業「コミュニケーション論」で，受講生の高林友美氏は「メディアは空気である」という趣旨の開眼的なレポートを提出した。目に見えないが生存に不可欠で生活上の利用価値もあり，性質や圧力が動態的かつ複雑に変化し，部分と全体の境界なく存在する「空気」──これをメディアの比喩とすることで，空気が実際の伝達媒体であること以上の説明力を発揮する。

　たとえば1990年代以降の日本社会において，「コミュニケーション能力」なる概念がひろく流通したのは，単にマスメディアがそれをひろめたからではない。むしろ世界経済システムのグローバル化が進展し，より安価な労働力を求める資本が生産拠点を国外へと移した結果，"空洞化"した国内において企画・営業・販売など，言葉を操るビジネスの比率が高まったからである。そして実体経済よりも投機，簿価よりも時価総額を重視する当時の風潮のなかで，日本社会はバブル経済を経験することになった。そしてそのような時代の流れのなかで，「朴訥だがいぶし銀」と形容されるタイプの生産労働者が貢献しうる場が「圧縮」され，むしろ「空気」を読み，如才なく周囲とコミュニケーションがとれる人材がより優遇されるようになった。そしてその背景には，コミュニケーション能力の向上を是とする「同調圧力」が介在していたともいえる。

　このような構図は，政治の領域においても認められる。たとえば，ある政治家が述べた言葉が好意的に受容されるか否か，あるいは反応を二分するか無視されるかは，それが投じられた時空間の「気象条件」次第だともいえる。支持者だけが集う時空間では"スルー"された発言も，いったん「悪天候」の外部（SNSなど）に漏れ出てしまえば「強風」に煽られて「炎上」し，弁明や謝罪，ときには発

言した政治家が辞任にまで追い込まれることもある。つまり，ある発言は真空状態のなかに投じられるものではないのだ。英語で「世論」を "climate of opinion"（直訳すれば「意見の気候」）と表現することがあるが，まさに発言は一定の「気圧配置」のなかで生じるものといえよう。

このような意味での「気圧配置」を考えるとき，世論を形成する役割を担う媒体がマスコミであった，という点は疑問の余地がないだろう。たとえば，もともと日本への原発導入は，原爆や第五福竜丸被爆事件などに由来する原子力反対運動を鎮める方向で，マスコミが動いたことで実現された――いわゆる「原子力の平和利用キャンペーン」である。そして，このキャンペーンを張ったマスコミは，その推進主体であった政府・与党にとっての「追い風」を作りあげること，つまり，原発に好意的または無関心な世論を形成することに成功したのである[1]。

もとより，マスコミは複雑な「気圧配置」のなかでかれらの商業的活動を営んでいる。そこには変化する「風向き」があり，広告主のみならず社内の上層部からの「空気圧」を感じた記者がその意見に対して「忖度」することもあるだろう。そのような事態の可能性を勘案した場合，今後の市民社会をになう学生がメディア活動の「気圧配置」を実感するためにも，自らがメディアとしてメッセージを産出し，何らかの表現活動に従事することは意味がある，といえるのではないだろうか[2]。というのも，私たちは「気象条件」に振り回されるだけの受動的存在ではなく，また，そうあるべきでもないからだ。むろん私たち自身，何らかの同調圧力を感じ，空気を

---

1) 戦後の世論形成の基礎知識としては柴垣（1994）を，被爆国・日本への原発導入の経緯は有馬（2008）を，それぞれ参照のこと。
2) コミュニケートする自分自身も「メディア」であるという認識の重要性については拙論「メディアと教育」（板場, 2013）で詳述した。

読み，忖度すべきかどうか思い悩むこともあるだろう。けれども同時に，私たちは抵抗のための行為主体性を兼ねそなえてもいる。それは一個人の小さな抵抗かもしれない。しかし，そのささやかな抵抗は「バタフライ効果」の起点になりうるかもしれない。「バタフライ効果」とは，たとえばブラジルの蝶の羽ばたきが日本付近の台風をも発生させうることを，カオス理論によって根拠づけたものだ。ここには，羽ばたきという小さな一連の空気抵抗運動が大きな効果を発揮しうるという示唆が含まれている。

　これこそが大学で「メディア」について学ぶことの意義ではないだろうか。それは，世界システムの全体とその気圧配置の複雑な動向のなかで，学生一人ひとりが自らを位置づけ，幅広い教養と抵抗力を身につける営為にほかならない。むろん一匹の蝶にすぎない筆者がなしうるメディア教育には限界があるが，こうした理念にもとづいた教育実践の一部を次節で報告することにより，大学からより多くの蝶が力強く飛び立つことを期待している。なお，このような理念にもとづく教育実践は，筆者が所属する外国語学部英語学科という場の要請をも勘案した場合，つぎにあげる三つの目標が妥当すると考えられる。以下ではそれらにそった実践[3]として，筆者の教育活動の一端を紹介していきたい。

## 2 メディア教育の目標と実践①：文献読解と講義参加

　学生は文献読解と講義参加を通じて，時間的・空間的に広域なシステムのなかで，メディアとメッセージ産出の関係を捉え，メッセ

---

3) 現在これらの目標をひとまとめに展開できる単一の講義がないため，「メディア文化論」「イメージ文化論」「スピーチ・コミュニケーション論」「英語専門講読」「ゼミナール」といった講義や講読，演習に分散させている。

ージを取り巻く「気圧環境」について学習することになる。

　まず文献読解では第 1 節で参照したもののほかに，Dicken-Garcia（1989）の抜粋資料やKubey（2002）のエッセイを前提として，権力の監視役として米国ジャーナリズムの伝統が形成された経緯に関する理解を深める[4]。さらに有馬（2006）の読解を通じて，日本のマスコミと政府・与党および米国政府・産業界との結びつきについて関心を高める。

　つぎに，上述の和文・英文文献もふまえた講義を通じて，現代日本のメディア史およびマスコミ各社の特性（指向性・偏向性）を知る。とくに，マスコミのグループ化について基本的な知識を得るために，(1) 新聞社とテレビ局の系列化，および (2) 報道番組と新聞社の系列化について理解する。さらに新聞各社が異なる政治的指向性をもつことを把握するため，新聞購読者と政権の支持傾向を学ぶ。

　たとえば，新聞読者別の政権支持率の違いを参照することで，講読している新聞と政権支持の度合いとが相関していることを理解し，「全国紙ならどれも同じだろう」という感覚を払拭する（米重，2017など）。また，購読者の年齢別視点で捉えた全国紙の保守性に関する調査結果をみることで，高年齢になるほど新聞社間の格差が広がることを知る。具体的には，新聞との付き合いが長くなるほど，読売新聞がより保守的に，朝日新聞がより革新的に感じられるという傾向を理解することになる（新聞通信調査会，2009）。

　さらに学生たちは，新聞社や雑誌社と政権との距離感についても考えることになる。たとえば『週刊ダイヤモンド』（2013.5.25）は，自らを政権から距離をおくメディアと位置づけ，また，速報性

---

4）筆者がメディア教育を始めた契機が，2003–2004 年に客員研究員を務めたラトガーズ大学コミュニケーション学部で同学部所属の Kubey 氏と交わした会話である。2017 年秋に他界した氏の冥福を祈る。

より企画・コンテンツを重視したメディアであると位置づけたうえで，そのような自己認識をもとに他の主要メディアを相対化している。これを参照することで，その時点で政権に近いのがNHK，産経新聞，日本経済新聞，読売新聞，時事通信などで，逆に距離をおいているのが（ダイヤモンド以外では）東京新聞，朝日新聞，毎日新聞，ロイター，共同通信などであることを理解する[5]。

## 3 メディア教育の目標と実践②： メディア・リテラシーの教育的意味・理念 ────

　学生は，以下のメディア・リテラシーの教育的意味・理念とそれを高める必要性を理解する。

> 【メディア・リテラシー教育の理念】
> メディアが不可欠な現代社会ではそれを多角的に理解するだけでなく，メディアを通じて複眼的に情報収集しコミュニケートできる賢慮ある市民を育成することが重要であり，大学における言語教育はその一助となる役割を担う。この理念における「多角的」および「複眼的」な理解・情報収集とは，複数の立場からメディアを知り，またそこから情報を得ることを意味する。たとえば，同じ対象についての情報や意見を複数のマスメディア（新聞やテレビ報道）から得ようとすることや，複数の言語を通じて情報を得たうえで，自分の考えをもったり問い直したりすることがあげられる。「賢慮」とは「フロネーシ

---

5) これはあくまで2013年時点でのダイヤモンド社の主観的相対化であるが，ジャーナリズムの現場からみえる各紙／誌の政権との距離感であり，参照価値のあるものとして示している。

ス（phronesis）」，すなわち教養にもとづいて世界の変化を理解
しつつ，時宜的な状況判断ができる力を意味する。また，「市
民」とは，基本的人権と参政権を保障されたうえで公共圏に参
加する一員であり，近代社会を構成する行為主体であるともい
える[6]。

　筆者が提示する教育プログラムにおいては，以上の理念をふまえ
ながら，より実践的にメディア・リテラシーの理解を深めていくこ
とになる。

　まず，メディア・リテラシー教育における「メディア（media）」
が「媒介（する手段・人間・言葉・イメージ）」すなわち「間接的
なもの」であること，その反語が「無媒介」すなわち「直接的な
もの」であること，したがって，「直接的な」と訳される英語の
"immediate" が「"media" がない」を含意することを知る。つまり，
メディアを通じたコミュニケーションにおいて「（素）直な」送受
信というものがありえず，そこには必ず何かが介在することを理解
することが重要となる。

　つぎに，メディア・リテラシーの基本姿勢である「よく見る・読
む・聞く」を目標として掲げ，基礎的な活動を実践することになる。
たとえば，公共空間にある誤記の含まれた表示（「部外者以外の立ち
入り禁止」など）を収集して，学生はそれを見て瞬時に違和感を言
葉で説明する。英語教育の比重が高い場合は，英語圏における同類
の事例を参照して，そこから派生する違和感を日本語または英語で
表現することになる。こうした初学者向けの活動を通じて，公的な
メディアであっても正しいメッセージを発するとは限らないことを

---

6）2018 年 3 月にニューヨーク日系人会にて筆者が行ったメディア・リテラ
　シー関連の講演ノートからの引用。また，参考文献として菅谷（2000）
　を推奨している。

再認識する。

　また，この延長線上に位置する活動として，報道された調査結果などで印象操作の可能性が指摘されているものを読み，その違和感を表現する。たとえば，すでに古典的となった練習事例として，「一番人気はカーター氏」というタイトルの新聞記事（1991）がある。これを読むと，そこには「健在の4人の前，元大統領のうちだれを支持するか，という質問に対し，35％がカーター氏，22％がレーガン氏，20％がニクソン氏，10％がフォード氏と答えた」とある。

　これはLA タイムズ紙に記事が掲載されて日本でも報じられたものだが，予備知識なしに読むと，カーター氏が最も人気があるとの印象を受ける。しかし，これには行間から抜け落ちている重要な情報がある。それはカーター氏のみが民主党所属だということだ。米国が二大政党制を維持しているのは，米国の有権者全体が民主党と共和党でほぼ二分しているからだが，この前提に立てば，共和党出身の大統領3名が共和党支持層の票を三分することになる。一方，カーター氏は民主党唯一の選択肢となるため最初から有利だ。つまり，支持を三分する不利な状況を考慮すれば，レーガン氏の評価が非常に高いと読むことも可能である。このような事例を考えてみることで，報道を「（素）直に」受容しないことの大切さを学ぶ。くわえて，LA タイムズ紙が比較的リベラルな立場であり民主党に近いといわれることも考慮すれば，印象操作の可能性が浮上する[7]。

　こうした導入的事例を学んだら，いよいよメディアがつぎの八つの特性をもっていることを学ぶ。「（1）全てのメディアは構築物である（ゆえに，解体も可能である）。（2）メディアは現実感を構築する。（3）視聴者は意味を見出す。（4）メディアは商業目的をもつ。（5）

---

7) UCLA のメディア研究者 Groseclose（2011）が開発したメディア・バイアス測定による調査結果を参照している。測定法は Slant Quotients とよばれ，ネットでアクセス可能である。

メディアはイデオロギーや価値をともなうメッセージである。(6)
メディアには社会的で政治的な含意がある。(7) メディア形式はメ
ッセージ内容を形成する。(8) メディアは特異な芸術形式をもつ」[8]。

　以上の特性について，学生は実例に触れながら理解を深めること
になる。たとえば，(4) の商業目的に関連していえば，「プロダク
ト・プレイスメント (product placement)」，すなわちテレビドラマ
などの小道具として特定の商品を用いることで，広告の機能も果た
すような仕掛けの実例が多くあることを知り，それによって，メデ
ィアに商業的な意図が作用していることを実感する。このことは，
よりマクロな視点，つまりメディアが資本主義的な経済活動でもあ
るという認識につながりうる。

## 4　メディア教育の目標と実践③：
　　映像のスクリーニングと制作

　つぎなる段階として，映像作品のスクリーニングを行い，自らも
映像制作の過程で異なる声や立場に出会う。そしてそれを考慮しな
がらメッセージを産出し，さらに表現後に起こる応答も想像するこ
とで，メディア・リテラシーを高める。つまり，「他者」に出会い，
「他者」の声も入り込む体験をする。

　これまでの推奨作品としては本橋 (2006) が取り上げた映画 18
作品や想田和弘監督の「観察映画」などがある。本橋が選定・解
説する映画は，自分と異なる他者の体験を可能にするものだ。また，
想田の「観察映画」とは，効果音なし，台本なし，ナレーションな
しという三つの指針によってカメラがとらえたドキュメンタリー映

---

8) 原文は ISACS (2010) から英文で公開されており，英語学科の授業では
　原文のまま提示することもあるが，ここでは筆者による和訳を用いた。

画である。たとえば『牡蠣工場』（2016）やその後作である『港町』（2018）は，岡山県の小さな港町・牛窓に暮らす生活者の視点から，グローバル化した世界資本主義経済の今日的影響を照射するものだが，それをスクリーニングする学生は，初見では見落としてしまいそうな，しかし実は大きな世界システムのなかで変化する現象を「観察」によって看破できることを学ぶ。

　こうした映像作品のスクリーニングで大切なことは，学生が娯楽の消費者というポジションから脱却し，世界の「気圧配置」のなかでローカルに暮らす「賢慮ある市民」としてのポジションへと移行する，という点である。つまり学生は，世界経済的あるいは歴史的な問題意識が込められた映画の視聴と検討を通じて，映像メディアには自分の「いまここ」とそれとは別の時点や地点とをつなげてくれる実践的な可能性があることを理解するのだ。

　筆者のゼミナールでは，上記のスクリーニングとは別の活動として，映像制作を実践している。参加者はメディア・リテラシーを高めるという方針に賛同した3，4年生の合計25名前後の学生であり，いくつかのチームに分かれて活動を行なっている。2007年から2015年まではNHKミニミニ映像大賞に，2016年以降はmy Japan Awardという映像コンテストに出品してきた[9]。

　学生たちはチームで作品制作を検討し，また，筆者のフィードバックを参照する過程において，「他者」と出会い，確固たる自己（観念，持論，意見）など最初から存在しなかったことに気づき，最終的に産出されたメッセージ作品が独奏ではなく多声（polyphony）

---

9）これらのコンテストでは毎年最低1チームが1次予選を通過しており，2017年のmy Japan Awardでは1チームが決勝大会で審査員賞を受賞した（『獨協大学ニュース』2018: 5）。なお，my Japan Awardが開催されなくなった現在，ShortShortsやPia Film Festivalを出品先として活動に取り組んでいる。

になることを理解することになる[10]。

　こうした理念的目標を学生が制作活動を通じて具現化すると，上述したメディアの特性を追体験・実感できるようになることが多い。たとえば「美味しいもの」を映像によって伝達しようとする場合，視聴覚メディアである映像においては，「美味しさ」を感じる味覚と嗅覚という身体メディアを使えない，という致命的な欠如があることを知る。つまり映像メディアが伝える「美味しさ」とは視聴覚的な味覚，すなわち構築された現実感なのであって，無媒介に獲得された実際の美味しさではない。こうした基本的なメディア特性は，むろん解説されれば理解できることだが，映像制作を実体験することで，学生たちの意識のなかでより強く定着するようである。また，この機能的欠陥を補いつつ現実感を形成するために，チームメイトと議論したりプロの意見を参照したりすることで，特定の個人だけで作ったものとは別の映像として，最終的に，作品が「多声的」に制作されるという体験をすることになる。

　学生たちは，ときに企画の頓挫から何かを学ぶこともある。たとえば，おもしろい街を見つけ，それを海外の視聴者を想定して紹介する映像制作プロジェクトを進めようとした際，あるチームは小菅の東京拘置所前にある差し入れ屋に注目した。そして，プロットの構想をしたうえで現地取材と撮影許可を得ようとしたところ，拒絶されてしまったのである。学生たちは企画の頓挫に愕然としていたが，同時に，ここから学べたこともあったようだ。たとえば，学生の視点からすれば「珍しい」店とその界隈は「付加価値」（記号的価値）のある撮影対象に思える。しかし当事者にとってそれは，おもしろいものでも付加価値でもなく，現に必要不可欠な「利用価値」

---

10) ここで援用した文学文化理論における「ポリフォニー」についてはバフチン（1995）を参照のこと。

をもつものなのである。しかもそれは，見方によっては，社会の「陰」の部分といえるかもしれない。「陽」が「陰」を同時に必要とするように，それは目立たないが制度を静かに支える営業，PRされたくない営業であり，営業でありながら政治的でもあるのだ。以上を通じて，学生はこうしたことも実体験することになる。

　総じて，学生は当初の構想段階でもっていた自分の考えが，最終段階になると，複数の声に揉まれた結果として産出されたメッセージになっていることを体験する。その意義は，他者性を意識するレベルを上げることだともいえよう。映像作品の制作関係者も，いまだみぬ視聴者も，自分とは別の生い立ちを経た人びとである。制作過程において自分と異なる他者と協議することで，独演的なメッセージ産出（平たくいえば自己満足な作品づくり）から，より公共的な表現への一歩を踏みだせるものと思われる。それは，世界で変化する「気圧配置」のなかで，自分がそれまでに培ってしまった偏見に気づくことかもしれないし，市民としての倫理的・公共的な思考，あるいは立場の多様性を想像する必要性に気づくことかもしれない。

## ⑤　結びにかえて：大学におけるメディア教育 ─────

　英語では「大学」を"university"とよぶ。それは「宇宙」や「全体世界」といった原義をもつ。よって"university"とは，そこで学ぶ者が広い世界のなかに自身を位置づけたうえで，森羅万象について広く，特定領域については深く探究する場であるともいえる。

　大学はまた，地域・国家・世界の経済社会と関係を保ちながらも，経済社会の論理すなわち市場競争原理とは別の理念にもとづいて営

---

11）学生およびメディアを世界のなかに位置づけるにあたり，ウォーラーステイン（2006）の世界システム論に関する文献の読解を適宜推奨している。

まれてきた，ともいえる。それは市場競争原理をも研究対象とする場でもあるし，そもそもどのような学問的探究に価値があるかは市場ではなく，大学そして所与の学問領域が自律的に判断できるはずだ。

　したがって大学での学問教育は，市場競争原理と親和性の高い即効性や損得勘定といった経済的価値観と一定の距離をおくものであり，むしろ，腰を据えて弛まず，広く深く取り組むことで築きあげられてきた人類の英知を継承してゆく場である。換言すると，大学は単に学生個人が卒業後に直接関わる人間関係・利害関係の「小宇宙」のなかで役立つスキルを身につける場ではない，ともいえる。学生一人ひとりを「世界」のなかに位置づけ，さまざまな拠点や時点と関係をもてる主体と捉えたうえで幅広い教養——それは就業中以外の時間や場所でも役に立つものでなければならない——を深める機会を提供する時空間，これこそが大学であり，メディア教育が依拠する場である。

　したがって大学のメディア教育は，単にメディア機器の知識と技術を習得させることにとどまらない。原初的メディアである声・表情・ジェスチャーといったものからはじまり，より高度な，活字および電子メディアが発明され普及したマテリアルな条件とその歴史，国家の発展や衰退・崩壊，世論の形成や変化といった広い視野を育みつつ，ローカルな事象を観察し，メディエートする取り組みが重要なのではないだろうか[11]。

---

◉ディスカッションのために
1 メディアと政権の距離感について理解するため，原発，消費税，安全保障，国際関係などの例でのさまざまなメディア企業の報道を比較してみよう。
2 第3節のメディアの八つの特性について，事例をあげてみよう。
3 大学での教育はいかなるもの（であるべき）とメディアで語られることが多いのか。本章の結びにかえての論考と比較し，どちらの主張に自分が賛同するのか，理由を考えてみよう。

---

【引用・参考文献】

朝日新聞（1991年11月6日）.「一番人気はカーター氏／歴代大統領／米紙が調査」

有馬哲夫（2006）.『日本テレビとCIA――発掘された「正力ファイル」』新潮社

有馬哲夫（2008）.『原発・正力・CIA――機密文書で読む昭和裏面史』新潮社

板場良久（2013）.「メディアと教育――メディアとしての私たち」池田理知子［編］『メディア・リテラシーの現在――公害／環境問題から読み解く』ナカニシヤ出版，pp.19–39.

ウォーラーステイン, I.／山下範久［訳］（2006）.『入門・世界システム分析』藤原書店

柴垣和夫（1994）.『昭和の歴史〈9〉講和から高度成長へ』小学館

週刊ダイヤモンド（2013）.「高まるメディア不信　報道スタンス全網羅」5月25日号

新聞通信調査会（2009）.「第2回　メディアに関する全国世論調査」〈https://www.chosakai.gr.jp/wp/wp-content/themes/shinbun/asset/pdf/project/notification/jpyoronreport02-2009.pdf（最終確認日：2021年3月12日）〉

菅谷明子（2000）.『メディア・リテラシー――世界の現場から』岩波書店

獨協大学ニュース（2018）.「英語学科・板場ゼミの学生が全国規模の映像コンテストで入賞」『獨協大学ニュース』3月号，p.5.

バフチン, M.／望月哲男・鈴木淳一［訳］（1995）.『ドストエフスキーの詩学』筑摩書房

本橋哲也（2006）.『映画で入門　カルチュラル・スタディーズ』大修館書店

米重克洋（2017）.「産経新聞読者の安倍政権支持率は「72%」東京新聞読者は「14%」＝ JX 通信社 東京都内世論調査」2017 年 6 月 29 日〈https://news.yahoo.co.jp/byline/yoneshigekatsuhiro/20180629-00087508/（最終確認日：2021 年 3 月 12 日）〉

Dicken-Garcia, H.（1989）. *Journalistic standards in nineteenth-century America*. University of Wisconsin Press.

Groseclose, T.（2011）. *Left turn: How liberal media bias distorts the American mind*. St Martin's Press.

ISACS（2010）. "MEDIA LITERACY: A Handbook for educators, parents, and community members."〈http://www.isacs.org/page/472146_Teaching__Learning.asp（最終確認日：2018 年 3 月 24 日）〉

Kubey, R.（2002）. "Think. interpret. create: How media education promotes critical thinking, democracy, health, and aesthetic appreciation."〈http://www.centerformedialiteracy.net/sites/default/files/547_CICML-Kubey.pdf（最終確認日：2021 年 3 月 12 日）〉

# 事項索引

# 人名索引

## 執筆者紹介 (* は編者)

小西卓三 * (こにし たくぞう)
昭和女子大学准教授
担当：まえがき，第 11 章

松本健太郎 * (まつもと けんたろう)
二松学舎大学教授
担当：第 1 章

鈴木謙介 (すずき けんすけ)
関西学院大学准教授
担当：第 2 章

金暻和 (キム キョンファ)
神田外語大学准教授
担当：第 3 章

安田 慎 (やすだ しん)
高崎経済大学准教授
担当：第 4 章

高岡文章 (たかおか ふみあき)
立教大学教授
担当：第 5 章

岡本 健 (おかもと たけし)
近畿大学准教授
担当：第 6 章

黄碧波 (コウ ヘキハ)
安徽広播影視職業技術学院講師
担当：第 7 章

師岡淳也 (もろおか じゅんや)
立教大学教授
担当：第 8 章

ダグラス・シュールズ (Douglas Schules)
立教大学准教授
担当：第 9 章

田島慎朗 (たじま のりあき)
神田外語大学准教授
担当：第 10 章

塙 幸枝 (ばん ゆきえ)
神田外語大学専任講師
担当：第 12 章

早川 陽 (はやかわ よう)
昭和女子大学准教授
担当：第 13 章

野口直人 (のぐち なおと)
東海大学助教
担当：第 14 章

板場良久 (いたば よしひさ)
獨協大学教授
担当：第 15 章

[シリーズ] メディアの未来 ⑬
メディアとメッセージ
社会のなかのコミュニケーション

2021 年 3 月 30 日　　初版第 1 刷発行

　　　　　　　編　者　小西卓三
　　　　　　　　　　　松本健太郎
　　　　　　　発行者　中西　良
　　　　　　　発行所　株式会社ナカニシヤ出版
　　　　　☎ 606-8161　京都市左京区一乗寺木ノ本町 15 番地
　　　　　　　　　　　Telephone　　075-723-0111
　　　　　　　　　　　Facsimile　　075-723-0095
　　　　　　　Website　http://www.nakanishiya.co.jp/
　　　　　　　Email　　iihon-ippai@nakanishiya.co.jp
　　　　　　　　　　　郵便振替　01030-0-13128

印刷・製本＝ファインワークス／装幀＝白沢　正
Copyright © 2021 by　T. Konishi, & K. Matsumoto
Printed in Japan.
ISBN978-4-7795-1480-7